構造計算書で学ぶ

木構造 金物設計の手引き

上野嘉久

学芸出版社

まえがき

　日本の住宅は木造2階建が主流である．

　伝統的な構法である木造軸組構法は柱・梁・筋かい等で構成されており，地震や台風による外力は筋かいが負担する．したがって，接合部である仕口・継手の取り扱いが重要となるが，その仕口・継手には高度な技術を必要としたため，かつては大工・棟梁が設計することが多かった．

　平成7年の兵庫県南部地震での被害実態を鑑み，平成12年には建設省告示1460号［木造の継手及び仕口の構造方法を定める件］が制定され，建築士による仕口金物設計が義務づけられた．しかしながら，告示に示された方法では仕口の金物が過大となるのが実状である．他方，同告示のただし書きにおいて「構造計算」で安全を確認すれば他の方法によってもよいと規定されている．

　本書では「告示による金物設計」「N値計算法による金物設計」「構造計算による金物設計」の3つの設計方法を示しているが，より後者の方が適切な金物が選択でき，経済的でもあるといえる．法令上，木造2階建について構造計算は不要であるが，通常は金物を合理的に設計するために構造計算を行っている．

　その金物設計を中心として，木造設計における一通りの構造計算の方法を入門書的にまとめたものが本書である．

　本書の特徴は以下の5点である．

1. 課題を解き，構造計算書にまとめ上げながら木造設計法を学ぶ．
2. 「構造計算書シート」による実践的構造設計なので実務にすぐ活かせる．
3. 関係する法令・告示，日本建築学会および日本住宅・木材技術センターの設計規準の要旨を掲載．
4. 「構造力学」「建築構法」「法規」等の関連を知り，総括的に学べる充実した解説．
5. 大学，専門学校などのテキストとして，また，すでに基本を学習した初心者のための研修，自習のテキストに最適．

　構造計算はコンピュータの操作技術を覚えれば答えが出る時代となった．しかし，計算が面倒だからといって最初からコンピュータに頼ってはいけない．それでは，コンピュータが出してくる答えのチェック，設計変更のチェックもままならない．そのようなレベルで設計していては，不注意で安全性を大きく損なった建物をつくりかねないのである．

　コンピュータは計算はできるが，構造設計はできない．構造設計は実践との応答にて会得できるものであり，まずは手計算で基礎知識を会得し，構造設計のセンスを身につけてから，コ

ンピュータを使うのが構造設計者への王道である．

　本書で示した構造設計術は，（財）住宅保証機構での住宅性能保証制度検査員としての検査実務に基づいたものであり，資料を提供くださった方々にお礼申し上げます．また，労多き実務書の編集・校正は，森國洋行氏，村角洋一氏が担当くださいました．ありがとうございました．

　一人でも多くの方にお役に立つことを願います．

　平成 18 年 8 月 13 日

上野嘉久

構造計算書で学ぶ木構造 —金物設計の手引き— もくじ

第 1 部　木構造の基礎知識　　　　　　　　　　　　　　　　　　　　　7

- 1・1　概説　　*8*
- 1・2　木材　　*8*
- 1・3　金物　　*10*
- 1・4　平 12 建告 1460 による金物設計　　*13*
- 1・5　N 値計算法による金物設計　　*18*
- 1・6　構造計算による金物設計（参考図）　　*23*

第 2 部　構造計算書に沿って学ぶ木構造　　　　　　　　　　　　　　　25

- ●課題　　*26*

000　表紙　　*31*

100　一般事項　　*32*
- **110**　建築物の概要　　*32*
- **120**　設計方針　　*32*
    - **121**　準拠法令・規準等　　*32*
    - **122**　電算機・プログラム　　*32*
    - **123**　応力解析　　*32*
- **130**　使用材料と許容応力度　　*32*
    - **131**　木材・集成材の種類と許容応力度　　*32*
    - **132**　鉄筋の許容応力度　　*34*
    - **133**　コンクリートの許容応力度　　*34*
    - **134**　地盤の種類と許容地耐力，杭の許容支持力　　*34*

200　構造計画・設計ルート　　*38*
- **210**　構造計画　　*38*
    - **211**　架構形式　　*38*
    - **212**　剛床仮定　　*38*
- **220**　設計ルート　　*40*
- **230**　その他特記事項　　*40*

300　荷重・外力　　*41*
- **310**　固定荷重　　*41*
- **320**　積載荷重と床荷重一覧表　　*44*
- **330**　特殊荷重　　*44*
- **340**　積雪荷重　　*44*

350 地震力　*48*
　　351　地震力のための建物重量算定　*48*
　　352　地震層せん断力係数 C_i の算定　*49*

360 風圧力　*52*
　　361　速度圧の算定　*52*
　　362　風力係数の算定　*54*
　　363　見付面積の算定　*57*

370 その他・土圧・水圧　*60*

400 柱軸方向力　*63*

　410 柱梁伏図の作成　*63*
　420 柱軸方向力の算定　*63*

500 部材の設計　*79*

　510 柱の設計　*79*
　520 梁の設計　*82*
　530 小屋組の設計　*88*
　　531　垂木の設計　*88*
　　532　母屋の設計　*89*

600 令 46 条の壁量計算　*95*

　610 必要壁量の算定　*95*
　　611　地震力に対する必要壁量　*95*
　　612　風圧力に対する必要壁量　*96*
　620 設計壁量の算定　*96*
　630 地震力・風圧力に対する確認　*98*
　640 耐力壁配置の検討　*98*

700 柱頭・柱脚の仕口金物設計　*105*

　710 構造計算による壁量の確認　*105*
　720 引抜力算定と金物設計　*106*
　　721　地震力による柱頭・柱脚の引抜力算定　*106*
　　722　風圧力による柱頭・柱脚の引抜力算定　*108*
　　723　金物設計のポイント　*109*

800 基礎の設計　*120*

　810 べた基礎の設計　*120*
　820 配筋詳細図　*134*

　付　録　付 1〜付 7　*137*
　　　　　構造計算書（白紙シート）　*145*

本文の項目番号は太数字 **100** で，構造計算書の項目番号は白抜きの太数字 ⓘ⓪⓪ で表記しています．
なお，本書では以下の略称を用いています．
　法　――　建築基準法
　令　――　建築基準法施行令
　建告　――　建設省告示
　国交告　――　国土交通省告示

第 1 部
木構造の基礎知識

1・1　概説

　木造軸組構法は，日本の伝統的な構法で，木造住宅において最も普及している構法である．架構は柱と梁・桁等にて構成され，水平力（地震力，風圧力）を耐力壁（筋かい，構造用合板等）が負担する．したがって，耐力壁に関する設計が，地震や風に強い木造住宅とするための重要なポイントとなる．

1 耐力壁の壁量と配置

　耐力壁の壁量については，令46条［構造耐力上必要な軸組等］の規定を満足させなければならない．また，壁量が十分に確保されていても配置のバランスが偏っている場合には，水平力を受けた際にねじれるように倒壊する可能性がある．耐力壁の配置に関しては，平12建告1352［木造建築物の軸組の設置の基準を定める件］に検討方法が示されている．

　以上の壁量と配置のチェック方法については，第2部 **600** にて解説する．

2 接合部（仕口）の補強

　水平力が作用すると耐力壁を構成する柱や筋かいには引抜力が生じ，接合部（仕口）が外れてしまうため，補強金物が必要となる．補強金物の設計には，以下の3つの方法が挙げられる．

①平12建告1460［木造の継手及び仕口の構造方法を定める件］による設計（第1部 1・4）
②N値計算法による設計（第1部 1・5）
③構造計算による設計（第2部 **700**）

　①の告示に示された方法は耐力壁の種類と柱の位置に応じて金物を選択する簡便な方法であるが，この方法により設計を行うと金物は過大に必要となる．

　それに対して，②のN値計算法は，平12建告1460第二号におけるただし書き「当該仕口の周囲の軸組の種類及び配置を考慮して，柱頭又は柱脚に必要とされる引張力が，当該部分の引張耐力を超えないことが確かめられた場合においては，この限りではない」に基づいて示された方法である．耐力壁が連続する場合には，当該柱に生じる引抜力は左右の耐力壁により相殺される．①は各柱単体のみに着目して金物を選択する方法であったが，②はこの耐力壁の連続性を考慮に入れた方法であり，より耐力の小さい金物を選択することが可能となる．

　他方，平12建告1460のただし書きにおいては，「令第82条第一号から第三号までに定める構造計算によって構造耐力上安全であることが確かめられた場合においては，この限りではない」と示されている．③の構造計算による方法である．木造建築物においては，階数≧3，または延べ面積>500 m²，高さ>13 mもしくは軒高>9 mの建築物に関して構造計算による安全性の確認が義務づけられている（法20条）．法令上，中小規模の2階建住宅については構造計算の必要はないが，より合理的かつ経済的に金物を選択するためには構造計算による設計を行う．

1・2　木材

【a】樹木の分類と性質

　樹木は葉の形状によって針葉樹（針状の葉をもつ）と広葉樹（偏平で幅の広い葉をもつ）に大きく分類され，木材としての性質も異なる．

まつ，ひば，ひのき，つが，すぎ等の針葉樹は，真直な材が得やすく，軟らかく加工しやすいため，主に構造材として用いられている．それに対して，かし，くり，なら，ぶな，けやき等の広葉樹は，重硬で木目が美しいのが特徴で，家具用材や造作材として多用される．

【b】木材の長所・短所

1 長所

①軽くて強い

　木材は重さに比べて強度は大きく，比強度（＝強さ/重さ）は鉄の4～5倍ある．鉄骨や鉄筋コンクリートよりも軽く，地震に対しても強い材料である．

②耐久性

　木材は湿気に弱いが，乾燥材は耐久性のある材料である．世界最古の木造建築である法隆寺は，1400年を経た現在もその姿を保っている．

③断熱性・保温性

　鉄やコンクリートよりも熱を伝えにくく，断熱性・保温性の高い材料である．

④調湿性

　湿度を調節する働きがあり，結露も発生しにくい．

⑤加工しやすい

　比較的軟らかい材料であるので，切削加工が容易である．

⑥美しさ・味わい

　木目や色調が美しく暖かみがあり，肌ざわりもよく，味わいのある材料である．

2 短所

①可燃性

　燃える材料である．しかしながら，薄い木材は簡単に燃えるが，厚みのある木材は燃えにくく，表面は焦げるが内部まで燃えるのには時間を要する．鉄骨が500～800℃で曲がってしまうことに比べると，火に強い側面ももっている．

②腐りやすい・虫害を受けやすい

　吸水性・吸湿性が高いため，高温多湿の状況下では腐朽しやすい．また，シロアリなどの虫害に侵されやすい．

③狂いやすい

　材中に含まれる水分量により変形を起こしやすく，狂い・反り・割れが生じる．

④材質が不均一

　天然の材料であるため，同一樹種の木材であっても性質にばらつきがある．また，方向による性質の違い（異方性）がある．

【c】木質材料

　木材を加工することにより品質や強度のばらつきを改善したものが，木質材料である．

①集成材

　挽き板（ラミナ）を繊維方向に平行して積層した材．造作用集成材，構造用集成材，化粧ばり造作集成材，化粧ばり構造用集成柱の4つに分類される．

②合板（ベニヤ板）

丸太を薄く剥いだ単板（ベニヤ）を繊維方向を直交させて積層した材．普通合板，構造用合板等がある．

③パーティクルボード

木材削片を板材にしたもの．内装材，床材等に用いられる．

④繊維板（ファイバーボード）

木材を繊維まで分解したものを主原料として接着剤で板状にした材．内壁，床，家具等に用いられる硬質繊維板（ハードボード）と断熱材や吸音材として使用される軟質繊維板（インシュレーションボード）がある．

1・3 金物

表1に，木造軸組構法に用いられる主要な補強金物・取付金物の一覧を示す．

表1 補強金物・取付金物一覧表

種 類	記号	形 状 ・ 寸 法	用 途
アンカーボルト	M12 M16	M12: 400, 50 / M16: 112, φ16, 100, 600, 700	土台と基礎の連結
短冊金物	S	$t3.2$, 40, L：300, 330, 360, 390, 420, 450	管柱，胴差相互の連結（写真1）
ひら金物	SM	SM-12: $t2.3$, 25, 120 / SM-40: $t2.3$, 25, 400	管柱の連結
矩折金物	SA	$t3.2$, 40, L：210, 240, 270, 300, 345	通柱と胴差の取合い（胴差／通柱／六角ボルトM12／胴差／スクリュー釘）
ひねり金物	ST	ST-9, ST-12: $t1.6$, 20, 90, 120 / ST-15: $t1.6$, 20, 150	垂木と軒桁等の接合（写真1）

表1（続き）

種　類	記号	形　状・寸　法	用　途
折曲げ金物	SF		垂木と軒桁等の接合
くら金物	SS		垂木と軒桁等の接合（写真2）
かすがい	C		大引と束，土台と柱，管柱と胴差，小屋梁と小屋束等の補強（写真3）
火打金物	HB		床組および小屋組の隅角部の補強（写真4）
かど金物	CP・L CP・T		引張りを受ける柱の上下接合（写真5，6）
山形プレート	VP		引張りを受ける柱の上下接合（写真7）

木構造の基礎知識

表1（続き）

種類	記号	形状・寸法	用途
羽子板ボルト	SB・F SB・E	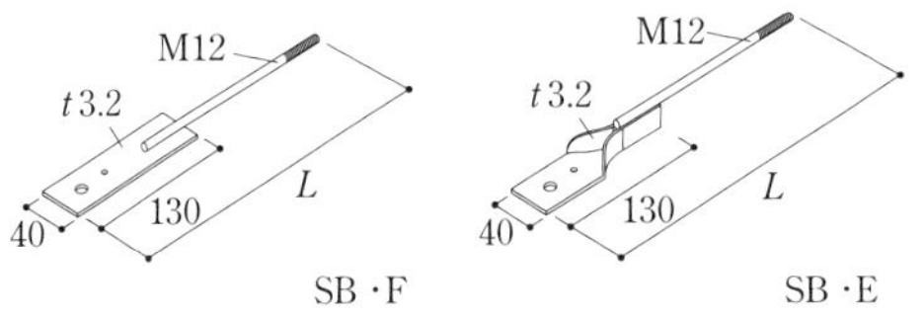 M12、t3.2、40、130、L（SB・F）／M12、t3.2、40、130、L（SB・E） L：280，310，340，370，400，430	小屋梁と軒桁，軒桁と柱，梁と胴差，梁・胴差と柱の連結（写真4）
筋かいプレート	BP	BP　30×90筋かい用 BP-2　45×90筋かい用 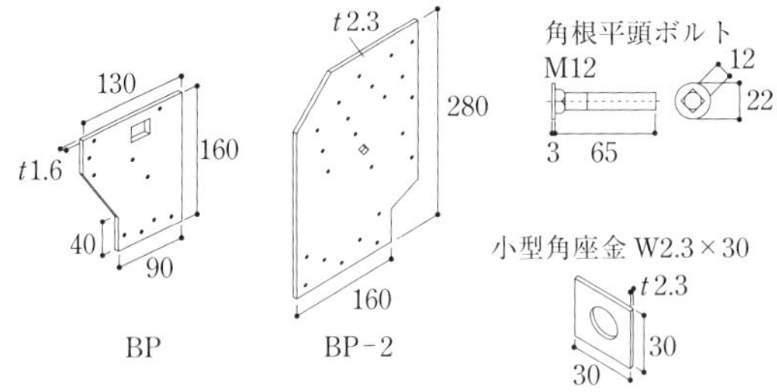 BP：t1.6、130、160、40、90 BP-2：t2.3、280、160、160 角根平頭ボルト M12（12、22、3、65） 小型角座金 W2.3×30（t2.3、30、30）	筋かいを柱と横架材に同時に接合（写真5） 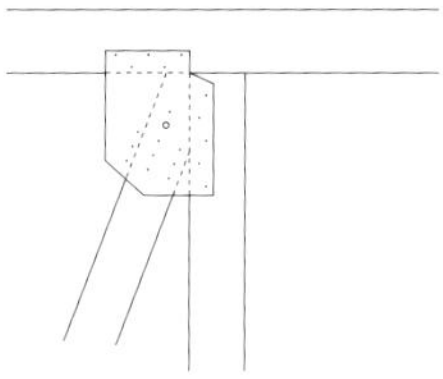
ホールダウン（引き寄せ）金物	HD	許容耐力 HD-10　10 kN HD-15　15 kN HD-20　20 kN HD-25　25 kN HD-N10（80、410、80）　HD-N15（80、560、80）　HD-N20（80、660、80）　HD-N25（80、585、80）	柱と土台（基礎），管柱（通柱）の緊結 HD-N10〜25：太めくぎにて接合 HD-B10〜25：ボルトにて接合 S-HD10〜25：金物と筋かいが当たる場合や真壁で仕上げる場合に使用．ボルトにて接合（写真8）

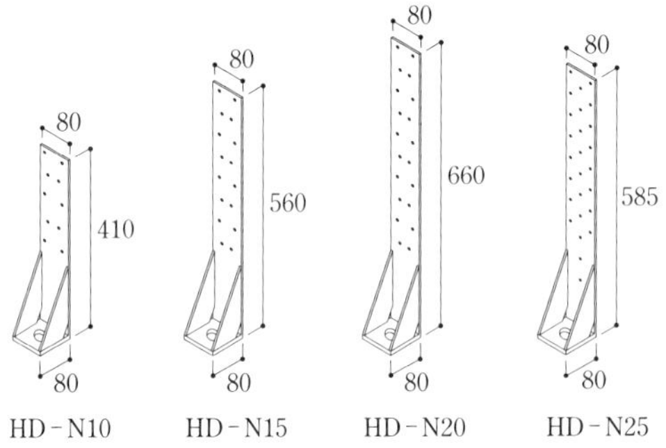

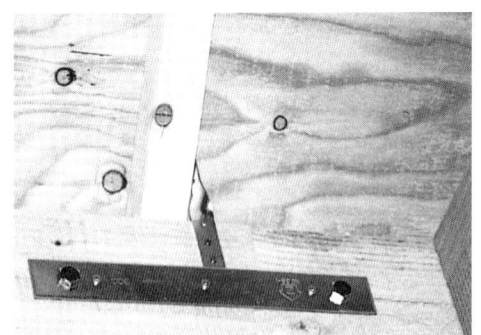

写真1　短冊金物，ひねり金物

写真2　くら金物

写真3　かすがい

写真4　火打金物，羽子板ボルト（SB・E）

写真5　筋かいプレート，かど金物（CP・L）

写真6　かど金物（CP・T）

写真7　山形プレート

写真8　ホールダウン金物（S-HD10）

1・4　平12建告1460による金物設計

平12建告1460に定められた柱頭・柱脚の仕口における金物設計の方法について解説する．

【a】設計方法

表2により，耐力壁の種類と柱の位置に応じて金物の選択を行う．本書では，2階建住宅において一般的に採用されている筋かい45 mm × 90 mmおよび構造用合板9 mmに関する規定を抜粋して示している（その他の耐力壁における規定については，『実務から見た木造構造設計』（上野嘉久著／学芸出版

表2 柱頭・柱脚の仕口の規定（抜粋）

耐力壁の種類		平家の柱,2階建の2階柱,下屋の柱		2階建の1階柱		
		㋑ 出隅柱	㋺ 側柱・中柱	㋩ 2階,1階の出隅柱	㋥ 2階 出隅柱 1階 側柱・中柱	㋭ 2階,1階 側柱・中柱
木材45×90	筋かい下部が付く柱	は	ろ	と	は	ろ
	その他の柱	ほ				
木材45×90	たすき掛け	と	に	ぬ	ち	と
構造用合板・パーティクルボード・構造用パネル		ほ	ろ	ち	へ	は

社）を参照されたい）．求められた規定仕口記号により，付4にて金物を選択する．

なお，筋かい端部の仕口に関する規定については付3に示す．

【b】設計例

第2部の課題（p.26）による設計例を示す．

1 軸組伏図（図1）

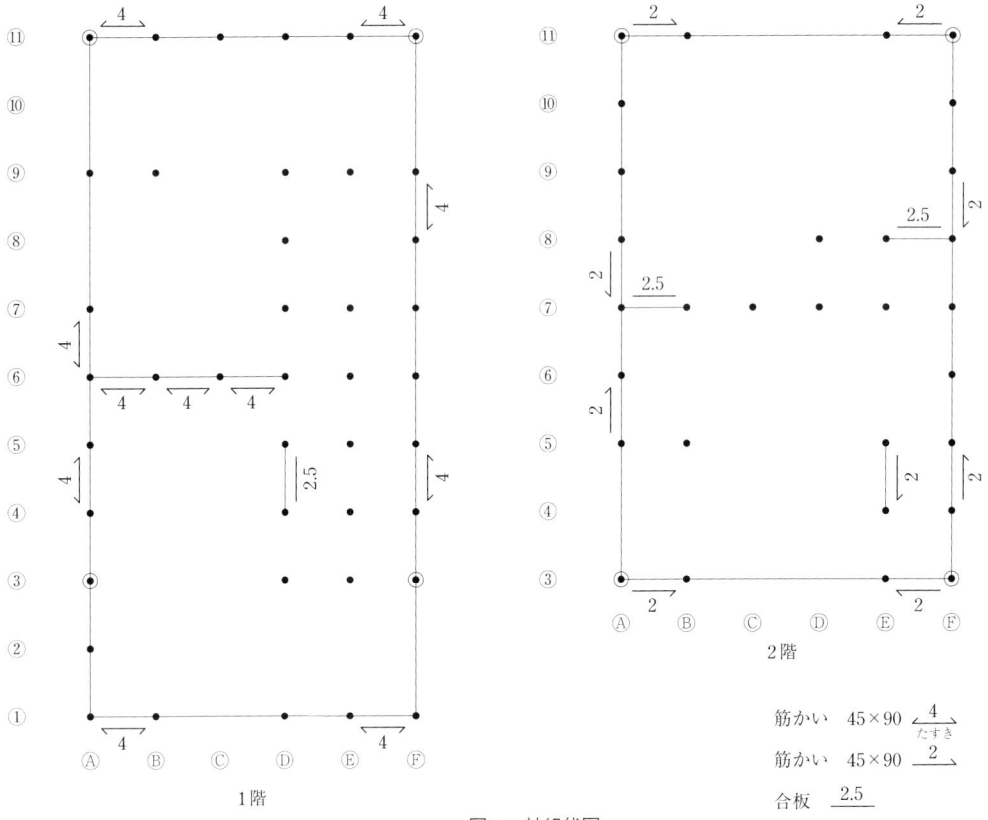

図1 軸組伏図

2 接合金物の選択（表3）

表3　接合金物の選択

通り	階	柱符号	耐力壁の種類	柱条件		規定仕口	採用金物	
①通り	1階（下屋）	$_1C_{①Ⓐ}$ $_1C_{①Ⓕ}$	45×90 たすき掛け	下屋の柱	出隅柱 ㋑	と	柱頭	ホールダウン金物　HD-15 │
							柱脚	HD-15 │
		$_1C_{①Ⓑ}$ $_1C_{①Ⓔ}$			側柱 ㋺	に	柱頭	羽子板ボルト
							柱脚	羽子板ボルト
③通り	2階	$_2C_{③Ⓐ}$ $_2C_{③Ⓕ}$	45×90	2階建の2階柱	出隅柱 ㋑ 筋かい下部	は	柱頭	山形プレート　VP ∨
							柱脚	通柱
		$_2C_{③Ⓑ}$ $_2C_{③Ⓔ}$			側柱 ㋺	ろ	柱頭	L字型かど金物　CP・L └
							柱脚	CP・L └
⑥通り	1階	$_1C_{⑥Ⓐ}$	45×90 たすき掛け	2階建の1階柱	側柱 ㋭	と	柱頭	HD-15 │
							柱脚	HD-15 │
		$_1C_{⑥Ⓑ}$ $_1C_{⑥Ⓒ}$ $_1C_{⑥Ⓓ}$			中柱 ㋬	と	柱頭	HD-15 │
							柱脚	HD-15 │
⑦通り・⑧通り	2階	$_2C_{⑦Ⓐ}$ $_2C_{⑧Ⓕ}$	構造用合板	2階建の2階柱	側柱 ㋺	ろ	柱頭	CP・L └
							柱脚	CP・L → HD-15[*1] │
		$_2C_{⑦Ⓔ}$ $_2C_{⑧Ⓔ}$			中柱 ㋺	ろ	柱頭	CP・L └
							柱脚	CP・L └
⑪通り	2階	$_2C_{⑪Ⓐ}$ $_2C_{⑪Ⓕ}$	45×90	2階建の2階柱	出隅柱 ㋑ 筋かい下部	は	柱頭	VP ∨
							柱脚	通柱
		$_2C_{⑪Ⓑ}$ $_2C_{⑪Ⓔ}$			側柱 ㋺	ろ	柱頭	CP・L └
							柱脚	CP・L → HD-15[*2] │
	1階	$_1C_{⑪Ⓐ}$ $_1C_{⑪Ⓕ}$	45×90 たすき掛け	2階建の1階柱	出隅 ㋩	ぬ	柱頭	通柱
							柱脚	HD-15×2 ‖
		$_1C_{⑪Ⓑ}$ $_1C_{⑪Ⓔ}$			側柱 ㋭	と	柱頭	HD-15 │
							柱脚	HD-15 │

[*1] X方向とY方向とで異なる金物が選択される場合には，許容耐力の大きい方を採用する．
[*2] 下階柱頭のホールダウン金物を採用し，上下より緊結する．

木構造の基礎知識

表3（続き）

通り	階	柱符号	耐力壁の種類	柱条件		規定仕口	採用金物		
Ⓐ通り	2階	₂CⒶ⑤ ₂CⒶ⑧	45×90	2階建の2階柱	側柱 ㋺	ろ	柱頭	CP・L	∟
							柱脚	Ⓐ⑤ CP・L → HD-15*² Ⓐ⑧ CP・L	∣
		₂CⒶ⑥ ₂CⒶ⑦			側柱 ㋺	ろ	柱頭	CP・L	∟
							柱脚	CP・L → HD-15*²	∣
	1階	₁CⒶ④ ₁CⒶ⑤ ₁CⒶ⑥ ₁CⒶ⑦	45×90 たすき掛け	2階建の1階柱	側柱 ㋭	と	柱頭	HD-15	∣
							柱脚	HD-15	∣
Ⓓ通り	1階	₁CⒹ④ ₁CⒹ⑤	構造用合板	2階建の1階柱	中柱 ㋭	は	柱頭	VP	V
							柱脚	VP	V
Ⓔ通り	2階	₂CⒺ④	45×90	2階建の2階柱	中柱 ㋺	ろ	柱頭	CP・L	∟
							柱脚	CP・L	∟
		₂CⒺ⑤			中柱 ㋺	ろ	柱頭	CP・L	∟
							柱脚	CP・L	∟
Ⓕ通り	2階	₂CⒻ④ ₂CⒻ⑨	45×90	2階建の2階柱	側柱 ㋺	ろ	柱頭	CP・L	∟
							柱脚	CP・L → HD-15*²	∣
		₂CⒻ⑤ ₂CⒻ⑧			側柱 ㋺	ろ	柱頭	CP・L	∟
							柱脚	CP・L → HD-15*²	∣
	1階	₁CⒻ④ ₁CⒻ⑨	45×90 たすき掛け	2階建の1階柱	側柱 ㋭	と	柱頭	HD-15	∣
							柱脚	HD-15	∣
		₁CⒻ⑤ ₁CⒻ⑧			側柱 ㋭	と	柱頭	HD-15	∣
							柱脚	HD-15	∣

3 接合金物一覧（図2）

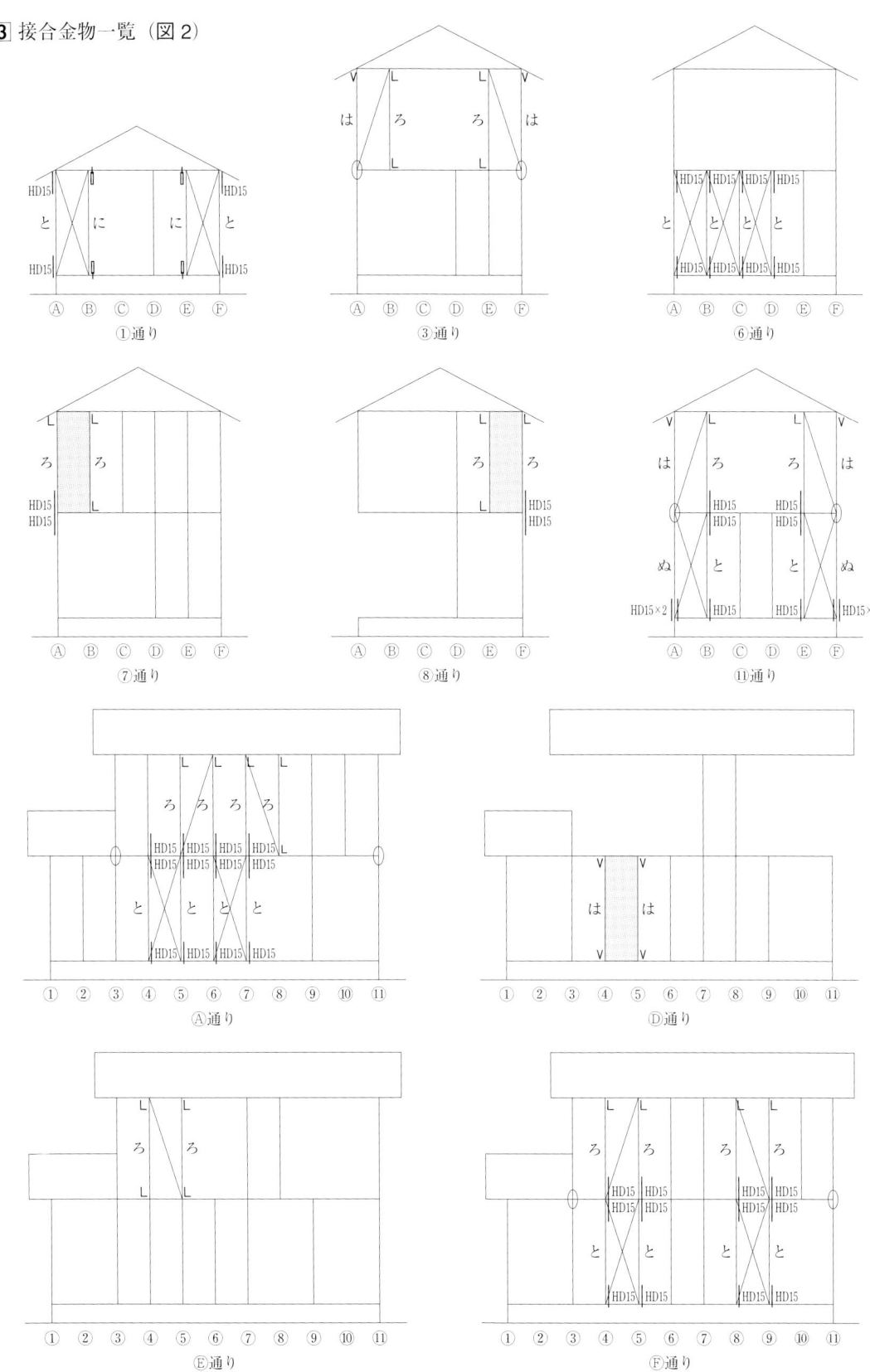

図2　平12建告1460による接合金物一覧

1・5　N 値計算法による金物設計

　N 値計算法は，平 12 建告 1460 第二号のただし書きに基づき，建設省住宅局建築指導課編集の講習会テキスト『平成 12 年施行・改正建築基準法（2 年目施行）の解説』に示された設計方法である．

【a】設計方法

　接合部の仕様を決定するため，表 4 に示す算定式により N 値を求める．算定においては，筋かいの取付方向による耐力差および両側筋かい付軸組の取付方向差を考慮に入れる．その補正値をまとめたものが，表 5 である．算定された N 値をもとに，表 6 により金物の選択を行う．

表 4　N 値計算による継手・仕口設計（算定式）

	2 階柱	平家の柱	下屋の柱	2 階建の 1 階柱
出隅柱				
側柱・中柱				
算定式	$N = A_1 \times B_1 - L_1$			$N = \underset{\text{1階柱について}}{A_1 \times B_1} + \underset{\text{2階柱について}}{A_2 \times B_2} - L_2$

算定式欄（左側：2階柱・平家の柱・下屋の柱）：

N：N 値　N 値より表 6 にて接合部の仕様を決める

A_1：柱両側の壁倍率の差
　　　片側のみの場合は，その壁の倍率
　　　ただし，筋かい付は表 5 にて補正

B_1：周辺部材による押さえ（曲げ戻し）効果係数
　　　出隅柱　　0.8
　　　側柱・中柱　0.5

L_1：鉛直荷重による押さえ効果係数（1 層分）
　　　出隅柱　　0.4
　　　側柱・中柱　0.6

算定式欄（右側：2 階建の 1 階柱）：

N：N 値　N 値より表 6 にて接合部の仕様を決める

1 階柱について

A_1：1 階柱両側の壁倍率の差
　　　片側のみの場合は，その壁の倍率
　　　ただし，筋かい付は表 5 にて補正

B_1：1 階周辺部材による押さえ（曲げ戻し）効果係数
　　　1 階の出隅柱　　0.8
　　　1 階の側柱・中柱　0.5

2 階柱について

A_2：2 階柱両側の壁倍率の差
　　　片側のみの場合は，その軸組の倍率
　　　ただし，筋かい付は表 5 にて補正
　　　（2 階柱引抜力が他の柱等より下階に伝わる
　　　　場合は 0 とする）

B_2：2 階周辺部材による押さえ（曲げ戻し）効果係数
　　　2 階の出隅柱　　0.8
　　　2 階の側柱・中柱　0.5

L_2：鉛直荷重による押さえ効果係数（2 層分）
　　　出隅柱　　　　1.0
　　　側柱・中柱　　1.6

壁倍率は，付 5 による．

表5 筋かい付壁倍率の差補正値

補正値1　筋かい付片側から取付

筋かい取付位置 種類	柱頭部	柱脚部	柱頭, 柱脚部 たすき掛け
45×90	0.5	−0.5	0
90×90	2.0	−2.0	0

補正値2　筋かい両側から取付（両側が片筋かい）

筋かい取付位置 片筋かい／片筋かい	45×90	90×90	柱脚に取付
45×90	1.0	2.5	0
90×90	2.5	4.0	

補正値3　筋かい両側から取付（片筋かい＋両筋かい）

筋かい取付位置 片筋かい／たすき筋かい	45×90	90×90	片筋かい柱脚 0 両筋かいたすき掛け 0
45×90	0.5	2.0	
90×90	0.5	2.0	

表6　接合部 N 値の仕様

N 値	柱頭・柱脚の仕口金物（付4）	許容耐力（短期）[kN]	金物等（これらと同等以上の接合方法を含む）
0.0 以下	い	0.0	短ほぞ差し，かすがい打
0.65 以下	ろ	3.4	長ほぞ差し込み栓打，L字型かど金物釘 CN65×5本
1.0 以下	は	5.1	T字型かど金物釘 CN65×5本，山形プレート金物釘 CN90×8本
1.4 以下	に	7.5	羽子板ボルト ϕ12 mm，短冊金物
1.6 以下	ほ	8.5	羽子板ボルト ϕ12 mm に長さ50 mm径4.5 mmのスクリュー釘
1.8 以下	へ	10.0	10 kN 用引き寄せ金物（土台取付）　HD-10
2.8 以下	と	15.0	15 kN 用引き寄せ金物　HD-15
3.7 以下	ち	20.0	20 kN 用引き寄せ金物　HD-20
4.7 以下	り	25.0	25 kN 用引き寄せ金物　HD-25
5.6 以下	ぬ	30.0	15 kN 用引き寄せ金物×2枚　HD-15×2
5.6 超	−	$N\times 5.3$	

【b】設計例

第2部の課題（p.26）による設計例を示す．

1 軸組伏図（図1）

2 N値算定と接合金物の選択（表7）

表7 N値算定と接合金物の選択

通り	階	柱符号	壁倍率の差	補正値	柱位置 B_1, B_2	柱位置 L_1, L_2	N 値	規定仕口	採用金物	
①通り	1階（下屋）	$_1C_{①Ⓐ}$ $_1C_{①Ⓕ}$	4.0	0	出隅柱		$N = 4.0 \times 0.8 - 0.4 = 2.8$	と	柱頭	HD-15	|
					0.8	0.4			柱脚	HD-15	|
		$_1C_{①Ⓑ}$ $_1C_{①Ⓔ}$			側柱		$N = 4.0 \times 0.5 - 0.6 = 1.4$	に	柱頭	羽子板ボルト	▯
					0.5	0.6			柱脚	羽子板ボルト	▯
③通り	2階	$_2C_{③Ⓐ}$ $_2C_{③Ⓕ}$	2.0	-0.5	出隅柱		$N = (2.0 - 0.5) \times 0.8 - 0.4 = 0.8$	は	柱頭	VP	V
					0.8	0.4			柱脚	通柱	
		$_2C_{③Ⓑ}$ $_2C_{③Ⓔ}$		+0.5	側柱		$N = (2.0 + 0.5) \times 0.5 - 0.6 = 0.65$	ろ	柱頭	CP・L	L
					0.5	0.6			柱脚	CP・L	L
⑥通り	1階	$_1C_{⑥Ⓐ}$	4.0	0	側柱		$N = 4.0 \times 0.5 - 1.6 = 0.4$	ろ	柱頭	CP・L	L
					0.5	1.6			柱脚	CP・L	L
		$_1C_{⑥Ⓑ}$ $_1C_{⑥Ⓒ}$	4.0-4.0	0	中柱		$N = (4.0 - 4.0) \times 0.5 - 1.6 = -1.6$	い	柱頭	かすがい	[
					0.5	1.6			柱脚	かすがい	[
		$_1C_{⑥Ⓓ}$	4.0	0	中柱		$N = 4.0 \times 0.5 - 1.6 = 0.4$	ろ	柱頭	CP・L	L
					0.5	1.6			柱脚	CP・L	L
⑦通り・⑧通り	2階	$_2C_{⑦Ⓐ}$ $_2C_{⑧Ⓕ}$	2.5	—	側柱		$N = 2.5 \times 0.5 - 0.6 = 0.65$	ろ	柱頭	CP・L	L
					0.5	0.6			柱脚	CP・L	L
		$_2C_{⑦Ⓑ}$ $_2C_{⑧Ⓔ}$			中柱		$N = 2.5 \times 0.5 - 0.6 = 0.65$	ろ	柱頭	CP・L	L
					0.5	0.6			柱脚	CP・L	L
⑪通り	2階	$_2C_{⑪Ⓐ}$ $_2C_{⑪Ⓕ}$	2.0	-0.5	出隅柱		$N = (2.0 - 0.5) \times 0.8 - 0.4 = 0.8$	は	柱頭	VP	V
					0.8	0.4			柱脚	通柱	
		$_2C_{⑪Ⓑ}$ $_2C_{⑪Ⓔ}$		+0.5	側柱		$N = (2.0 + 0.5) \times 0.5 - 0.6 = 0.65$	ろ	柱頭	CP・L	L
					0.5	0.6			柱脚	CP・L	L
	1階	$_1C_{⑪Ⓐ}$ $_1C_{⑪Ⓕ}$	4.0	0	出隅柱		$N = 4.0 \times 0.8 + (2.0 - 0.5) \times 0.8 - 1.0 = 3.4$	ち	柱頭	通柱	
					0.8	1.0			柱脚	HD-20	|
		$_1C_{⑪Ⓑ}$ $_1C_{⑪Ⓔ}$			側柱		$N = 4.0 \times 0.5 + (2.0 + 0.5) \times 0.5 - 1.6 = 1.65$	へ	柱頭	HD-10	|
					0.5	1.6			柱脚	HD-10	|

表 7（続き）

通り	階	柱符号	壁倍率の差	補正値	柱位置 B_1, B_2	柱位置 L_1, L_2	N 値	規定仕口	採用金物	
Ⓐ通り	2階	$_2C_{Ⓐ⑤}$ $_2C_{Ⓐ⑧}$	2.0	−0.5	側柱 0.5	0.6	$N = (2.0 - 0.5) \times 0.5 - 0.6 = 0.15$	ろ	柱頭 CP・L 柱脚 CP・L	⌐ ⌐
		$_2C_{Ⓐ⑥}$ $_2C_{Ⓐ⑦}$		+0.5	側柱 0.5	0.6	$N = (2.0 + 0.5) \times 0.5 - 0.6 = 0.65$	ろ	柱頭 CP・L 柱脚 CP・L	⌐ ⌐
	1階	$_1C_{Ⓐ④}$	4.0	0	側柱 0.5	1.6	$N = 4.0 \times 0.5 - 1.6 = 0.4$	ろ	柱頭 CP・L 柱脚 CP・L	⌐ ⌐
		$_1C_{Ⓐ⑤}$	4.0	0	側柱 0.5	1.6	$N = 4.0 \times 0.5 + (2.0 - 0.5) \times 0.5 - 1.6 = 1.15$	に	柱頭 羽子板ボルト 柱脚 羽子板ボルト	
		$_1C_{Ⓐ⑥}$ $_1C_{Ⓐ⑦}$	4.0	0	側柱 0.5	1.6	$N = 4.0 \times 0.5 + (2.0 + 0.5) \times 0.5 - 1.6 = 1.65$	へ	柱頭 HD-10 柱脚 HD-10	| |
Ⓓ通り	1階	$_1C_{Ⓓ④}$ $_1C_{Ⓓ⑤}$	2.5	—	中柱 0.5	1.6	$N = 2.5 \times 0.5 - 1.6 = -0.35$	い	柱頭 かすがい 柱脚 かすがい	[[
Ⓔ通り	2階	$_2C_{Ⓔ④}$	2.0	+0.5	中柱 0.5	0.6	$N = (2.0 + 0.5) \times 0.5 - 0.6 = 0.65$	ろ	柱頭 CP・L 柱脚 CP・L	⌐ ⌐
		$_2C_{Ⓔ⑤}$		−0.5	中柱 0.5	0.6	$N = (2.0 - 0.5) \times 0.5 - 0.6 = 0.15$	ろ	柱頭 CP・L 柱脚 CP・L	⌐ ⌐
Ⓕ通り	2階	$_2C_{Ⓕ④}$ $_2C_{Ⓕ⑨}$	2.0	−0.5	側柱 0.5	0.6	$N = (2.0 - 0.5) \times 0.5 - 0.6 = 0.15$	ろ	柱頭 CP・L 柱脚 CP・L	⌐ ⌐
		$_2C_{Ⓕ⑤}$ $_2C_{Ⓕ⑧}$		+0.5	側柱 0.5	0.6	$N = (2.0 + 0.5) \times 0.5 - 0.6 = 0.65$	ろ	柱頭 CP・L 柱脚 CP・L	⌐ ⌐
	1階	$_1C_{Ⓕ④}$ $_1C_{Ⓕ⑨}$	4.0	0	側柱 0.5	1.6	$N = 4.0 \times 0.5 + (2.0 - 0.5) \times 0.5 - 1.6 = 1.15$	に	柱頭 羽子板ボルト 柱脚 羽子板ボルト	
		$_1C_{Ⓕ⑤}$ $_1C_{Ⓕ⑧}$			側柱 0.5	1.6	$N = 4.0 \times 0.5 + (2.0 + 0.5) \times 0.5 - 1.6 = 1.65$	へ	柱頭 HD-10 柱脚 HD-10	| |

木構造の基礎知識

3 接合金物一覧（図3）

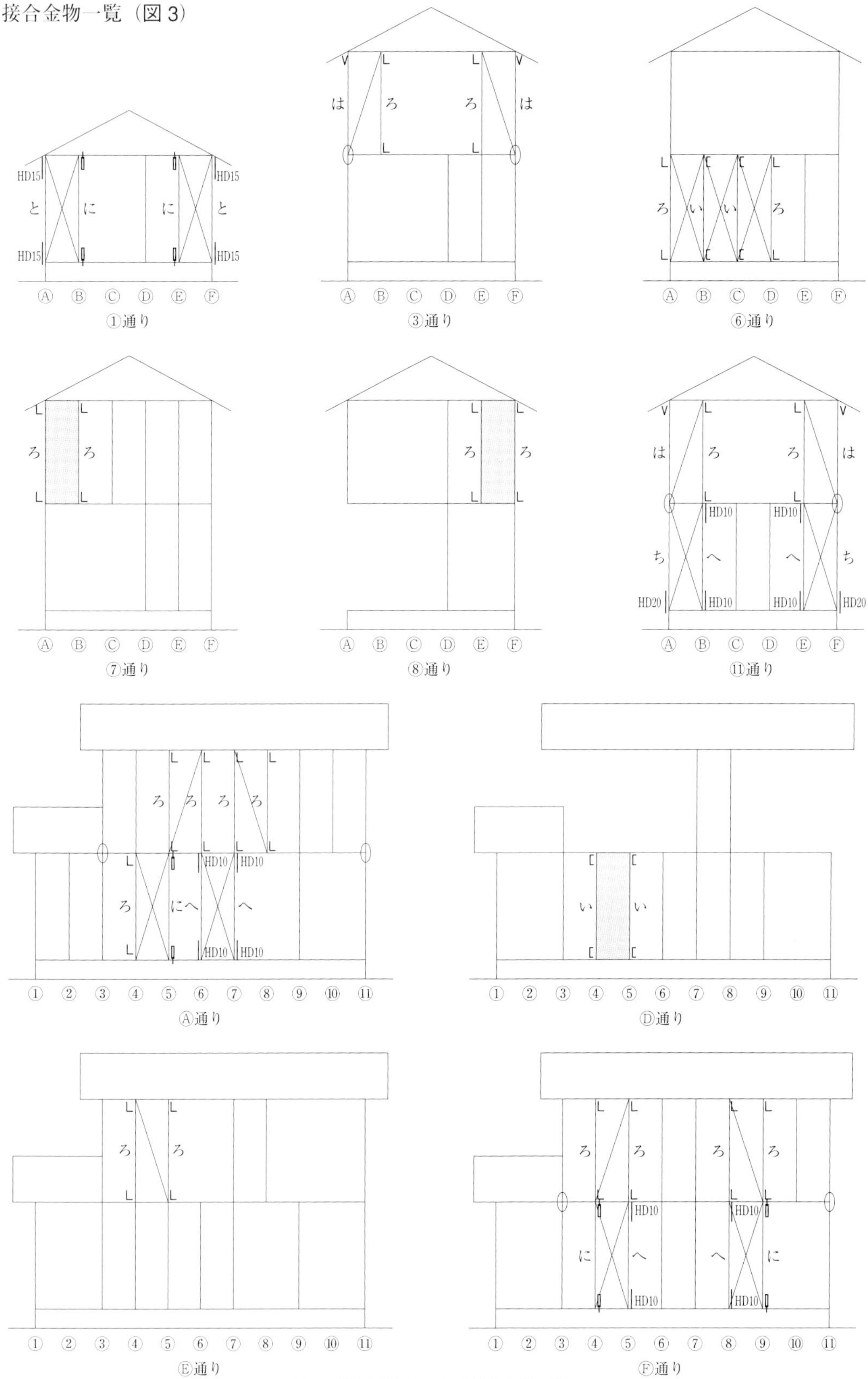

図3 *N* 値計算法による接合金物一覧

1・6 構造計算による金物設計（参考図）

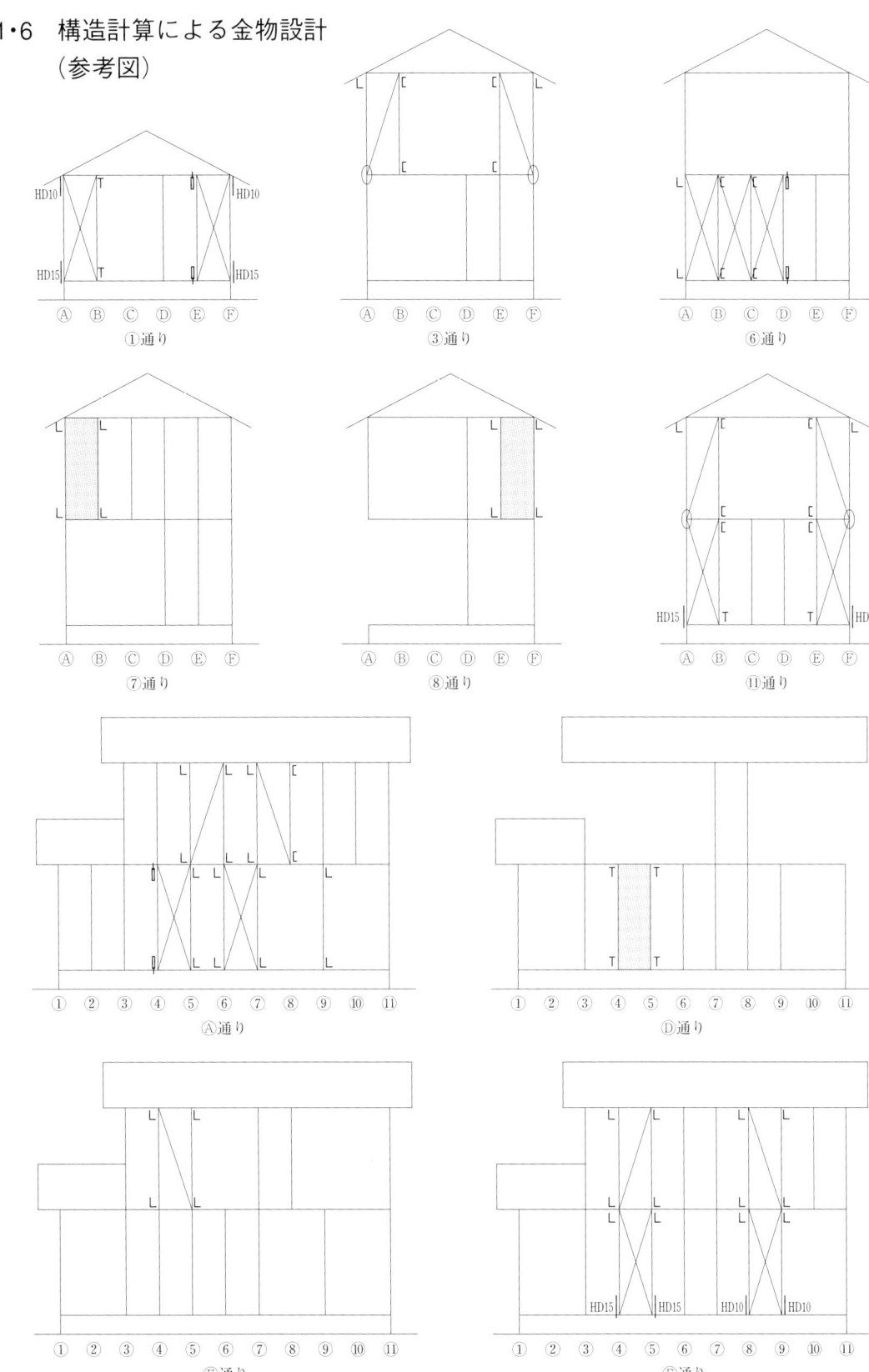

参考図　構造計算による接合金物一覧（第2部 **700** より）

第 2 部

構造計算書に沿って学ぶ木構造

● 課題　木村亮太邸新築工事 —— 木造2階建住宅構造設計・構造計算データ

【a】平面図

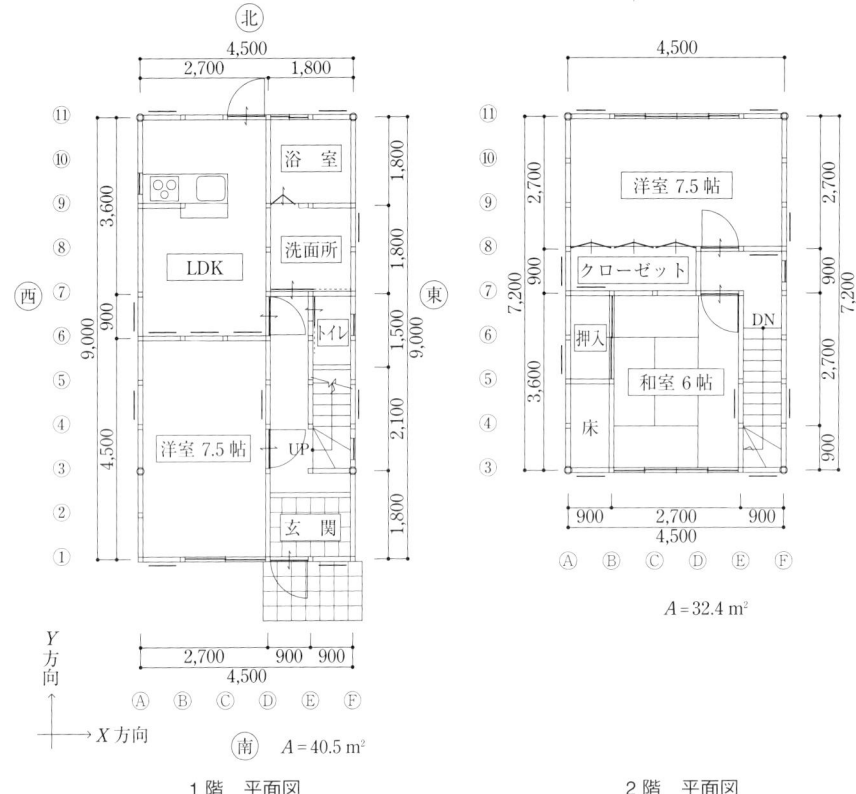

1階　平面図　　　　　　　　　2階　平面図

【b】立面図

南立面図　東立面図

北立面図　西立面図

【c】矩計図

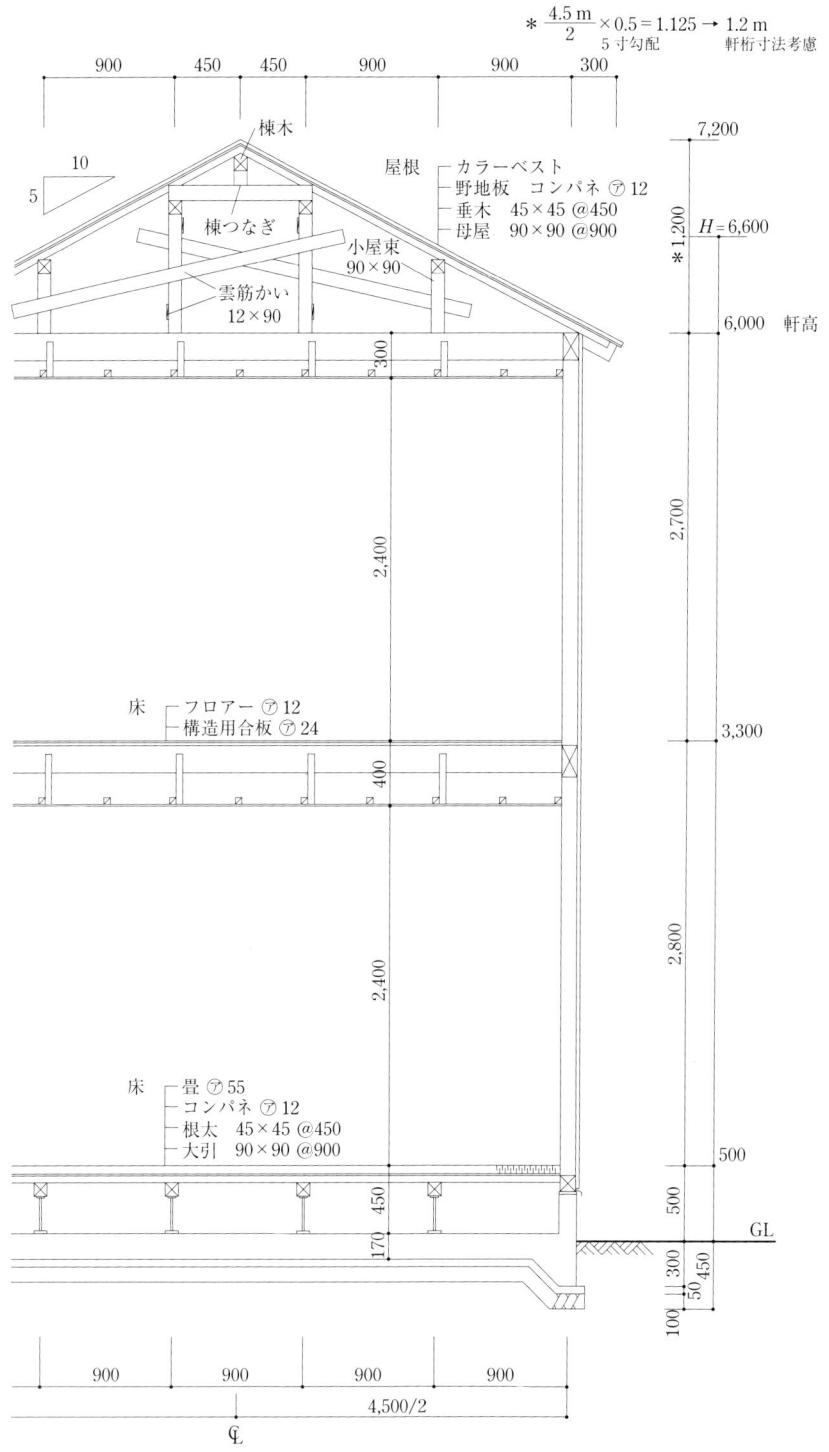

【d】伏図

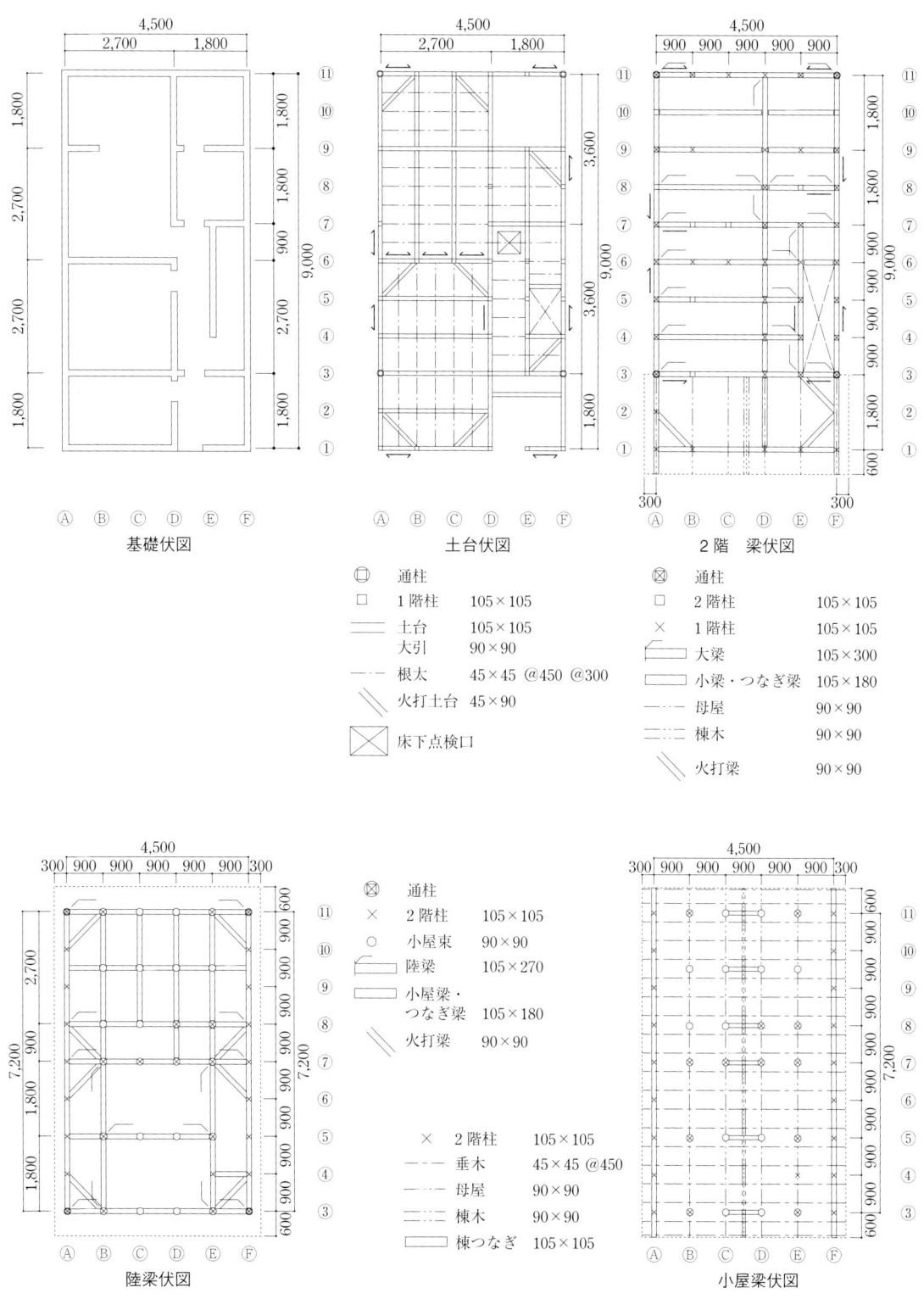

【e】軸組図

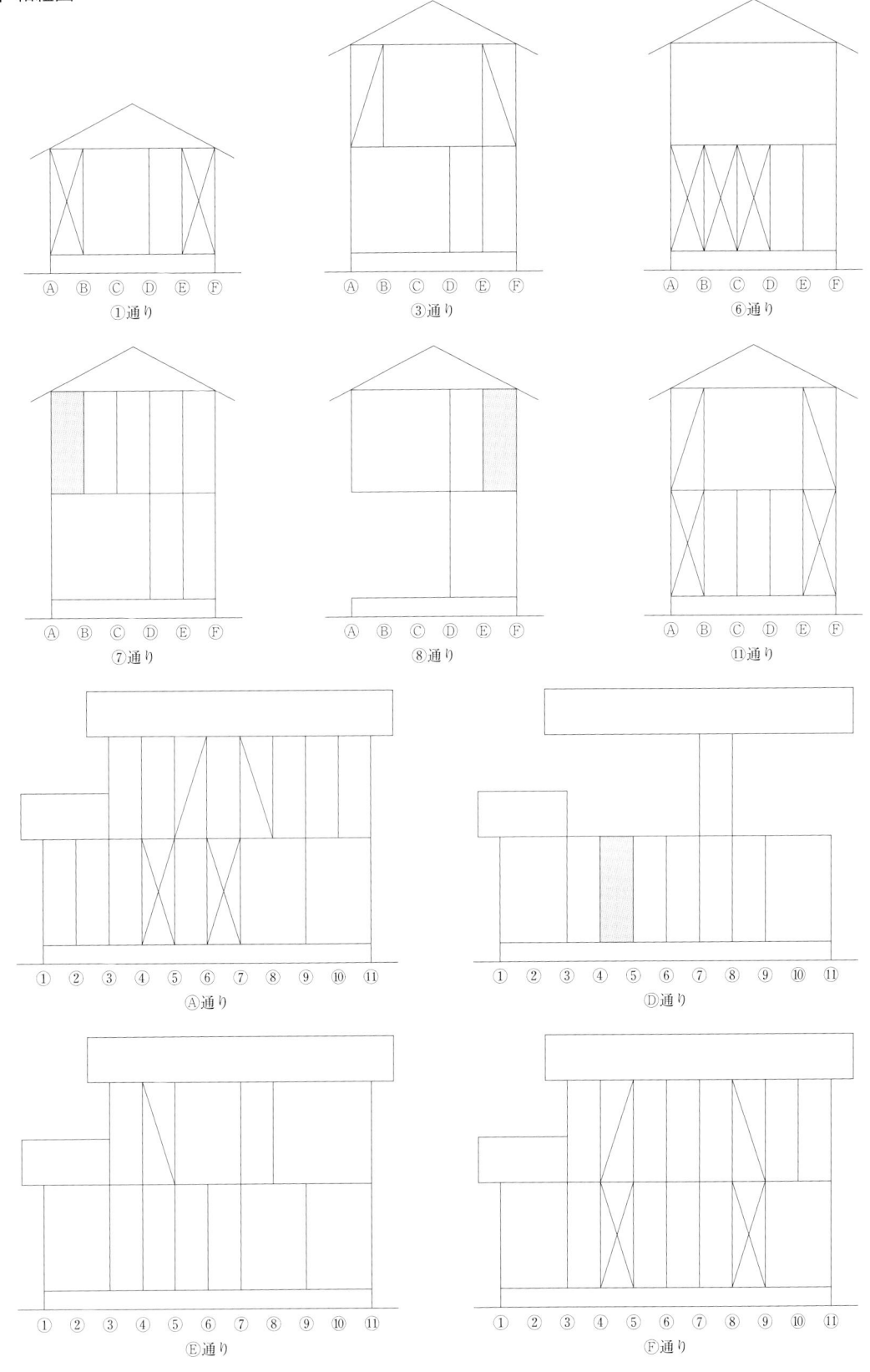

000 表紙

付録の構造計算書の表紙に，設計年月，工事名称，構造設計者の氏名を記入する．

> ┄┄ 構造計算書演習例 p.0 ┄┄
> 表紙に工事名称等を記入する．

構 造 計 算 書

（木造用）

2006 年 5 月

―――――――――――――――
　　　　　工　事　名　称
―――――――――――――――
　　　　木村亮太邸新築工事
―――――――――――――――

設計者　　　上　野　嘉　久

― 0 ―

100 一般事項

110 建築物の概要

設計データに基づいて，構造計算書に建築場所，建物規模および仕上げ概要を記載する．

> ┄┄ 構造計算書演習例 p.1 ┄┄
> 設計データに基づいて記載する．

120 設計方針

構造計算をする上での基本方針等を明記する．

121 準拠法令・規準等

外力・荷重の取り方，応力合成，材料の許容応力度については建築基準法に，架構応力解析は構造力学書，断面設計方針は（財）日本住宅・木材技術センターおよび日本建築学会の設計規準・指針に準拠して構造設計することを最初にうたっておく．

なお，構造計算にあたって参考とした図書等があれば明記する．

122 電算機・プログラム

電算機を使用した場合は，その機種とプログラム名等を記入する．

> ┄┄ 構造計算書演習例 p.1 ┄┄
> 電算機は使用しない．

123 応力解析

木造住宅の骨組は，柱と梁はピン接合で，鉛直荷重は負担するが，ブレース（筋かい）がなければ崩壊する骨組である．つまり，筋かいが水平荷重（地震力，風圧力）を負担する．この架構が「筋かい構造」で，「静定構造」と称している．

130 使用材料と許容応力度

131 木材・集成材の種類と許容応力度

【a】木材の許容応力度

木造住宅に使用される木材の種類には，日本農林規格（JAS）に適合する規格品と日本農林規格に定められていない木材＝無等級材がある．一般的な住宅では，主に無等級材が用いられ，規格品を採用す

100　一般事項

110　建築物の概要

111　建築場所： 京都市伏見区竹田西桶ノ井町39

112　建築概要

建　物　規　模					仕　上　概　要	
階	床面積	用途	構造種別	その他	屋根	カラーベスト葺
2	32.4	住宅	木造軸組工法	最高の高さ　7.2 m H　　　　　6.6 m 軒高　　　　6.0 m	床	畳，フローリング
1	40.5	〃			天井	合板，繊維板
					外壁	サイディング
計	72.9 m²				内壁	板張，せっこうボード

120　設計方針

121　準拠法令・規準等
1 建築基準法，日本住宅・木材技術センターおよび日本建築学会の設計規準
2 参考図書……　『実務から見た木造構造設計』(株)学芸出版社

122　電算機・プログラム
1 使用箇所：　なし
2 機種名：　――
3 プログラム名：　――

123　応力解析
1 鉛直荷重時……静定構造
2 水平荷重時……静定構造

― 1 ―

る住宅は少ない．

樹種については，針葉樹と広葉樹があるが，骨組（構造材）には針葉樹が多用されている．広葉樹は，特別な柱・梁および化粧材に採用される．

表1・1は，無等級材の許容応力度を樹種別に示したものである．

【b】集成材の許容応力度

住宅に使用されている構造用集成材としては，柱・梁には同一等級構成集成材が，化粧柱には化粧ばり構造用集成柱が用いられている．集成材の強度は，木材の強度より大きい．したがって，木材で部材を設計しておいて，集成材に変更しても安全である．

通常用いられている樹種について，許容応力度を表1・2〜1・4に示す．

> 構造計算書演習例 p. 2
> 採用する木材，集成材を記入する．

1.3.2 鉄筋の許容応力度

鉄筋には棒鋼が用いられ，丸鋼と異形棒鋼がある．鋼材記号は，丸鋼がSR，異形棒鋼がSDである．一般には，異形棒鋼SD295が多用されている．

　　丸鋼　　SR 235
　　　　　　↑　　↑
　　　Steel Round Bar　　降伏点強度　235 N/mm²

　　異形棒鋼　SD 295
　　　　　　　↑　　↑
　　　Steel Deformed Bar　　降伏点強度　295 N/mm²

> 構造計算書演習例 p. 3
> 異形棒鋼 SD295 を採用する．

1.3.3 コンクリートの許容応力度

コンクリートの設計基準強度 F_c は，$F_c = 18$ N/mm² または 21 N/mm² とする．コンクリートの許容応力度は，材齢28日の圧縮強度を設計基準強度 F_c としている．

長期許容圧縮応力度 $_Lf_c$ は $\dfrac{F_c}{3}$ である．短期圧縮応力度は $\dfrac{短期}{長期} = 2.0$ による（令91条）．

なお，付着（異形）の「上端」とは，基礎梁の曲げ材にあって，その鉄筋の下に30 cm以上のコンクリートが打ち込まれる場合の水平鉄筋をいう．

> 構造計算書演習例 p. 3
> 普通コンクリート $F_c = 18$ N/mm² を採用する．

1.3.4 地盤の種類と許容地耐力，杭の許容支持力

直接基礎にするか杭基礎にするかは，地盤調査の結果を検討して決めるのが一般的である．木造住宅の場合は，①試掘，②スウェーデン式サウンディング，③標準貫入試験の N 値によって地盤を確認する．現在は，②スウェーデン式サウンディングが主流である．その調査結果に基づき，令93条［地盤及び基礎ぐい］，平13国交告1113［地盤の許容応力度及び基礎ぐいの許容支持力を求めるための地盤

130 使用材料と許容応力度

131 木材・集成材の種類と許容応力度

[N/mm²]

採用	部材		樹種等	長期（積雪時1.3倍）					短期（積雪時0.8倍）	E [kN/mm²]
				f_c	f_t	f_b	f_s	f_{cv}		
○	梁	Ⅰ	あかまつ，くろまつ，(べいまつ)	8.14	6.49	10.34	0.88	3.3		10
○	柱 土台	Ⅱ	からまつ，ひば，(ひのき)，べいひ	7.59	5.94	9.79	0.77	2.86		9
○	間柱 その他	Ⅲ	(つが)，べいつが	7.04	5.39	9.24	0.77	2.2		8
○	垂木 母屋	Ⅳ	もみ，えぞまつ，とどまつ，べにまつ，(すぎ)，べいすぎ，スプルース	6.49	4.95	8.14	0.66	2.2		7
		無等級材								
○	柱		べいまつ E120-F375	11.0	9.46	13.64	1.32	3.3	長期×$\frac{2}{1.1}$	12
	柱		えぞまつ E95-F315	9.46	8.36	11.44	1.1	2.2		9.5
	梁		おうしゅうあかまつ 対称異等級構成集成材 E120-F330	9.24	8.14	11.88	1.1	2.2		11
		JAS規格材								

（無等級材・針葉樹 / 集成材）

調査の方法並びにその結果に基づき地盤の許容応力度及び基礎ぐいの許容支持力を定める方法等を定める件］により許容地耐力，杭の許容支持力を定める．採用する基礎構造については，平12建告1347［建築物の基礎の構造方法及び構造計算の基準を定める件］の規定による．

> **構造計算書演習例 p. 3**
>
> スウェーデン式サウンディングによる地盤調査資料より，許容地耐力 $20\ kN/m^2$ の粘土質地盤で直接基礎を採用する．

表1・1　無等級材の許容応力度一覧表　　　　　　　　　　　　　　　　　　　　　　[N/mm²]

樹種		長期（積雪時1.3倍）					短期（積雪時0.8倍）					E [kN/mm²]
		f_c	f_t	f_b	f_s	f_{cv}	f_c	f_t	f_b	f_s	f_{cv}	f_k	
針葉樹	I　あかまつ，くろまつ，べいまつ	8.14	6.49	10.34	0.88	3.3	14.8	11.8	18.8	1.6	6.0		10
	II　からまつ，ひば，ひのき，べいひ	7.59	5.94	9.79	0.77	2.86	13.8	10.8	17.8	1.4	5.2		9
	III　つが，べいつが	7.04	5.39	9.24	0.77	2.2	12.8	9.8	16.8	1.4	4.0		8
	IV　もみ，えぞまつ，とどまつ，べにまつ，すぎ，べいすぎ，スプルース	6.49	4.95	8.14	0.66	2.2	11.8	9.0	14.8	1.2	4.0		7
広葉樹	かし	9.9	8.8	14.08	1.54	4.4	18.0	16.0	25.6	2.8	8.0		10
	くり，なら，ぶな，けやき	7.7	6.6	10.78	1.1	3.96	14.0	12.0	19.6	2.0	7.2		8

(f_k 欄: ηf_c, η表5·2)

f_c：圧縮　f_t：引張り　f_b：曲げ　f_s：せん断　f_{cv}：めりこみ　f_k：圧縮材座屈　E：ヤング係数

めりこみ f_{cv}：$\theta \leq 10°$ → f_c
　　　　　　　$10° < \theta < 70°$ → 補間値
　　　　　　　$70° < \theta < 90°$ → f_{cv}の値（常時湿潤状態70%）

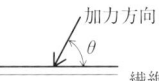

加力方向θ／繊維方向　　（平13国交告1024）

表1・2　化粧ばり構造用集成柱の許容応力度　　　　　　　　　　　　　　[N/mm²]

樹種	長期（積雪時1.3倍）						短期（積雪時0.8倍）						E [kN/mm²]
	f_c	f_t	f_b	f_s	f_{cv}	f_k	f_c	f_t	f_b	f_s	f_{cv}	f_k	
アピトン	13.42	11.88	16.72	1.76	3.96	ηf_c	24.4	21.6	30.4	3.2	7.2	ηf_c	13
すぎ	8.8	7.7	10.78	1.1	2.2	η表5·2	16.0	14.0	19.6	2.0	4.0	η表5·2	7.5

表1・3　同一等級構成集成材（柱材）の許容応力度　　　　　　　　　　　　　　[N/mm²]

樹種	ひき板の積層数	強度等級	長期（積雪時1.3倍）						短期（積雪時0.8倍）						E [kN/mm²]
			f_c	f_t	f_b	f_s	f_{cv}	f_k	f_c	f_t	f_b	f_s	f_{cv}	f_k	
べいまつ	4枚以上	E120-F375	11.0	9.46	13.64	1.32	3.3	ηf_c	20.0	17.2	24.8	2.4	6.0	ηf_c	12
えぞまつ	4枚以上	E95-F315	9.46	8.36	11.44	1.1	2.2	η表5·2	17.2	15.2	20.8	2.0	4.0	η表5·2	9.5
スプルース	3枚	E105-F300	9.24	9.02	10.78	1.1	2.2		16.8	16.4	19.6	2.0	4.0		10.5

表1・4　対称異等級構成集成材（梁材）の許容応力度　　　　　　　　　　　　　　[N/mm²]

樹種	強度等級	長期（積雪時1.3倍）					短期（積雪時0.8倍）					E [kN/mm²]
		f_c	f_t	f_b	f_s	f_{cv}	f_c	f_t	f_b	f_s	f_{cv}	
おうしゅうあかまつ	E120-F330	9.24	8.14	11.88	1.1	2.2	16.8	14.8	21.6	2.0	4.0	11

132 鉄筋の許容応力度

[N/mm²]

採用	基準強度 F	鉄筋の種類	許容応力度			短期
			長期			
			圧縮	引張り		長期×1.5
				せん断補強以外	せん断補強	
○	295	異形 SD295	195	195	195	

133 コンクリートの許容応力度

[N/mm²]

採用	設計基準強度 F_c	コンクリートの種類	許容応力度				短期
			長期				
			圧縮	せん断	付着（異形）		長期×2
					上端	その他	
○	18	普通コンクリート	6	0.6	1.2	1.8	
	21	普通コンクリート	7	0.7	1.4	2.1	

134 地盤の種類と許容地耐力，杭の許容支持力

採用	種類	地盤の種類	長期	備考	短期
			許容地耐力		
○	直接基礎	粘土質地盤	20 kN/m²		
		ローム層	50 kN/m²		
		砂質地盤（地震時液状化なし）	50 kN/m²		
					長期×2
		地盤改良		工法	
	杭基礎		許容支持力	（　　　）杭	
				$\phi=$　mm　$l=$　m	
			kN/本	工法	

地盤調査資料　　　㈲　　無

200 構造計画・設計ルート

210 構造計画

211 架構形式

木造住宅の主たる架構には，軸組構法（在来軸組工法）と枠組壁構法（2×4工法）があるが，本書の設計は軸組構法である．軸組構法は，柱・梁・筋かいまたは構造用合板にて成り立っている（図2・1）．なお，筋かいは圧縮力に対して抵抗するように入れるのが定石である．

> ─── 構造計算書演習例 p.4 ───
> 架構形式は，X 方向，Y 方向とも軸組構法である．

212 剛床仮定

令46条［構造耐力上必要な軸組等］で，原則として「床組及び小屋ばり組の隅角には火打材を使用」することが定められている．ただし，剛床の場合は火打材なしでよく，現在は床に構造用合板24 mmを使用して剛床を確保している．なお，火打材がない場合は，剛床が不成立となる柔床となり，床を分割して構造計算する必要が生じ，手間がかかるとともに不経済な架構となる．したがって，火打材を設けない床組においては構造用合板等にて剛床としている．

> ─── 構造計算書演習例 p.4 ───
> 小屋組…火打梁にて剛床確保
> 2階床…構造用合板24 mmにて剛床確保
> 1階床…火打梁にて剛床確保

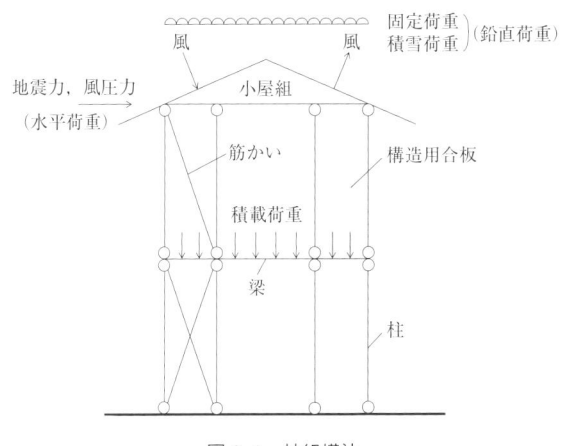

図2・1 軸組構法

200 構造計画・設計ルート

210 構造計画

211 架構形式　　X方向：**軸組工法**　　Y方向：**軸組工法**

212 剛床仮定　　小屋組　　㊀火打梁等にて剛床確保㊁
　　　　　　　　2階床　　㊀剛床㊁
　　　　　　　　1階床　　剛床，㊀火打土台等にて剛床確保㊁

220 設計ルート

　　　木造　　階数≦3　　高さ≦13 m　　軒高≦9 m
　　　設計　　階数＝**2**　　高さ＝**7.2** m　　軒高＝**6.0** m

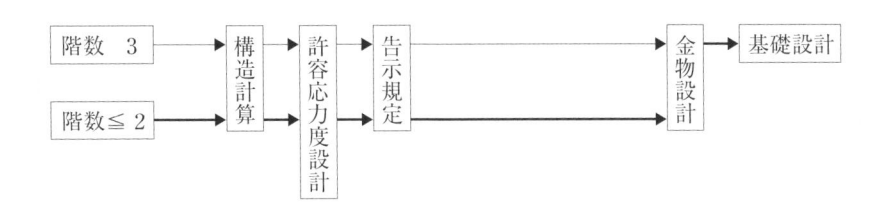

階数 3 ─→ 構造計算 ─→ 許容応力度設計 ─→ 告示規定 ─ ─ ─→ 金物設計 ─→ 基礎設計
階数≦2 ─→

230 その他特記事項

2階床には構造用合板24mmを使用し，剛床を確保する．

220 設計ルート

3階建または延べ面積が 500 m²,高さが 13 m,軒高が 9 m を超える住宅は構造計算が必要である（法 20 条）．

2階建住宅については法令上では構造計算は不要であるが，通常は金物設計のために構造計算を行う．

> ----- 構造計算書演習例 p. 4 -----
> 階数 2 階建，高さ 7.2 m，軒高 6 m，延べ面積 72.9 m².
> 金物設計のために構造計算を行う．

230 その他特記事項

その他特記しなければならない事項があれば，明記しておく（構造計画の考え方等）．

> ----- 構造計算書演習例 p. 4 -----
> 特記事項として，2 階床に構造用合板 24 mm を用いて剛床を確保することを示しておく．

300 荷重・外力

建築物に作用する荷重・外力の種類には，固定荷重 G，積載荷重 P，積雪荷重 S，風圧力 W，地震力 K がある（表3·1）．

常時加わっている荷重 $G+P$ を長期荷重という．ただし，積雪時の多雪区域では $G+P+0.7S$ である（表3·2）．

積雪荷重 S，風圧力 W，地震力 K は一時的な荷重であり，長期荷重に加えたものを短期荷重と呼ぶ．

表3·1 荷重・外力の種類

荷重状態	荷重・外力の種類	
常時荷重	G 固定荷重(D.L.)……建物自体の荷重	鉛直荷重
	P 積載荷重(L.L.)……人間や家具の荷重	
臨時荷重	S 積雪荷重…………雪荷重	
	W 風圧力……………暴風	水平荷重
	K 地震力……………地震	

表3·2 荷重の組合せ

種類	想定状態	一般区域	多雪区域	備考
長期	常時	$G+P$	$G+P$	
	積雪時		$G+P+0.7S$	
短期	積雪時	$G+P+S$	$G+P+S$	
	暴風時	$G+P+W$	$G+P+W$	転倒，柱の引抜き検討の P は，実況に応じて減らす
			$G+P+0.35S+W$	
	地震時	$G+P+K$	$G+P+0.35S+K$	

310 固定荷重

建築物の各部分の固定荷重は，実況に応じて計算しなければならない．ただし，令84条[固定荷重]に掲げる固定荷重については，この数値で計算できると規定されている．表3·3 は，令84条の数値と実況に応じた数値を一覧にしたものである．

表 3・3 建築物の各部分の固定荷重

部分	種 別		荷重 [N/m²]		備 考
屋根	瓦葺	葺土なし	屋根面につき	640	下地，垂木含む，母屋含まない
		葺土あり		980	〃
	波形鉄板葺	母屋に直接		50	母屋を含まない
	薄鉄板葺			200	下地，垂木含む，母屋含まない
	ガラス屋根			290	鉄製枠を含む，母屋含まない
	厚形スレート葺			440	下地，垂木含む，母屋含まない
	モルタル・アスファルト防水			1400	陸屋根，根太含まない
	彩色スレート板（カラーベスト）			340	下地，垂木含む，母屋含まない
小屋組母屋	木造の母屋	$l \leq 2\,\mathrm{m}$		50	l：母屋の支点間距離
		$l \leq 4\,\mathrm{m}$		100	
	小屋組 木構造		水平面につき	$100+10l$	母屋，桁行つなぎ含む　l：スパン[m]
天井	さお縁		天井面につき	100	つり木，受木，その他の下地を含む
	繊維板張，打上げ板張，合板張，金属板張，せっこう化粧ボード(厚7mm)			150	
	木毛セメント板張，フレキシブル板，せっこうボード(厚9mm)			200	
	格縁			290	
	しっくい塗			390	
	モルタル塗			590	
床	木造の床	板張	床面につき	150	根太を含む
		畳敷		340	床板，根太含む
		床梁 $l \leq 4\,\mathrm{m}$		100	l：張り間
		床梁 $l \leq 6\,\mathrm{m}$		170	
		床梁 $l \leq 8\,\mathrm{m}$		250	
	コンクリートの床の仕上げ造	板張		200	根太，大引を含む
		フロアリングブロック張		150	仕上げ厚さ1cmごとに，その数値を乗ずる
		モルタル塗，人造石塗，タイル張		200	
		アスファルト防水層，シート防水		150	厚さ1cmごとに，数値を乗ずる
壁	木造の建築物の壁の軸組		壁面につき	150	柱，間柱，筋かい含む
	木造の建築物の壁の仕上げ	下見板張，羽目板張，繊維板張		100	下地含む 軸組含まない
		木ずりしっくい塗		340	
		鉄網モルタル塗		640	
		サイディング		*200	*製品により異なる
	コンクリートの壁の仕上げ造	しっくい塗		170	仕上げ厚さ1cmごとに，その数値を乗ずる
		モルタル塗，人造石塗		200	
		タイル張		200	
建具	木製ガラス窓			200	
	鋼製サッシ			390	

構造計算書演習例 p.5

表3・3に基づいて，建築物の部分ごとに集計して求める．

①屋根

屋根の固定荷重については，水平面あたりの荷重にて算定する．表3・3に示されている屋根の荷重は屋根面あたりの数値であり，水平面あたりの荷重に換算する必要がある．屋根面あたりの荷重を w，屋根の勾配角度を θ とすると，換算値は $w/\cos\theta$ で求められる．

小屋組の荷重は，スパンを l [m] としたとき $100+10\,l$ にて算定できる．

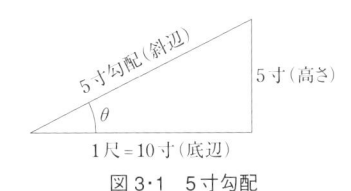

表3·4 屋根勾配の寸，角度 θ，三角関数値

勾配寸	$\tan\theta$	角度 θ 度°分′	角度 θ 度°	$\sin\theta$	$\cos\theta$
2	0.2	11°19′	11.31°	0.2	0.98
3	0.3	16°42′	16.7°	0.29	0.96
3.5	0.35	19°17′	19.29°	0.33	0.94
4	0.4	21°48′	21.8°	0.37	0.93
4.5	0.45	24°13′	24.23°	0.41	0.91
5	0.5	26°34′	26.56°	0.45	0.89

図3·1 5寸勾配

屋根勾配（図3·1）　5寸（5/10）　$\cos\theta = 0.89$（表3·4）

屋根　　カラーベスト　　屋根面あたりの荷重　340 N/m²
　　　　　　　　　　　　水平面あたりの荷重　340/0.89 = 382 N/m²
小屋組　スパン l = 4.5 m　100 + 10 × 4.5　　　　 = 145 N/m²
天井　繊維板張　　　　　　　　　　　　　　　　　　150 N/m²
　　　　　　　　　　　　　　　　　　計　677 N/m² → 700 N/m²

床・壁の固定荷重については，軸組荷重と仕上げ材の荷重を合計して求める．

② 2階床
　　畳敷　　　　　　340 N/m² … 床板，根太含む
　　床梁　　　　　　170 N/m² … 張り間 $l \leq 6$ m
　　天井　繊維板張　150 N/m² … つり木，受木，下地含む
　　　　計　660 N/m²

③ 1階床
　　フローリング（板張）　150 N/m² … 根太含む
　　床梁（大引）　　　　　100 N/m² … 張り間 $l \leq 4$ m
　　　　計　250 N/m²

④ 外壁
　　サイディング　200 N/m² … 壁面につき
　　軸組　　　　　150 N/m² … 柱，間柱，筋かい含む
　　繊維板張　　　100 N/m² … 下地含む，軸組含まない
　　　　計　450 N/m²

⑤ 内壁（間仕切壁）
　　繊維板張　100 N/m² … 下地含む，軸組含まない
　　軸組　　　150 N/m² … 柱，間柱，筋かい含む
　　繊維板張　100 N/m² … 下地含む，軸組含まない
　　　　計　350 N/m²

320 積載荷重と床荷重一覧表

【a】住宅の積載荷重

住宅の各室の積載荷重は，令85条［積載荷重］第1項の積載荷重表による（表3·5）．「床用」「大梁・柱・基礎用」「地震力用」と，構造計算の対象に応じて荷重が異なる．

表3·5　住宅の積載荷重　[N/m²]

構造計算の対象 室の種類	床の構造計算をする場合	大梁，柱または基礎の構造計算をする場合	地震力を計算する場合
住宅の居室	1800	1300	600

（令85条1項より抜粋）

【b】床荷重一覧表

固定荷重と積載荷重を合計し，床荷重一覧表を作成する．このとき，床用，梁・柱・基礎用，地震力用に分けた一覧表とする．

> 構造計算書演習例 p. 5
> 床用（床板設計用）の固定荷重は，仕上げ材のみの荷重となる．屋根については，床用はカラーベストのみの荷重 382 N/m²，梁・柱・基礎用および地震力用は仕上げ材＋骨組荷重の 700 N/m² を採用する．

330 特殊荷重

屋上，塔屋に設置される設備荷重等があれば記入する．

340 積雪荷重

【a】積雪荷重の計算方法

積雪荷重は，単位荷重×垂直積雪量として求めることができる．ここで，単位荷重は密度に相当するもので，1 m² の範囲に積もった積雪高 1 cm の雪の重量である．この単位荷重は積雪量 1 cm ごとに 20 N/m² 以上と規定されている．ただし，垂直積雪量が 1 m 以上の区域で，特定行政庁が指定した多雪区域では，積雪量 1 cm ごとに 30 N/m² 以上をとる．

雪の多い地方では過去の積雪の記録により，特定行政庁が垂直積雪量・単位荷重を規則で定めている．

京都市の施行細則は以下の通りである．

●京都市建築基準法施行細則（抜粋）

　第31条［垂直積雪量］

　　30 cm 以上，旧京北町区域 50 cm 以上

300 荷重・外力

310 固定荷重

建築物の部分	固定荷重 [N/m²]		
	名　称	w	W
屋根	カラーベスト 勾配 5/10 $\cos\theta=0.89$	340/0.89	= 382
	小屋組 $\ell=4.5$m 天井　繊維板張	100+10×4.5m=	145 150 677 ↓ 700 N/m²
2階床	畳敷 床梁 天井　繊維板張		340 170 150 660 N/m²
1階床	フローリング(板張) 床梁(大引)		150 100 250 N/m²

建築物の部分	固定荷重 [N/m²]		
	名　称	w	W
外壁	サイディング 軸組 繊維板張		200 150 100 450 N/m²
内壁 (間仕切壁)	繊維板張 軸組 繊維板張		100 150 100 350 N/m²

320 積載荷重と床荷重一覧表

[N/m²]

荷重区分 室の種類	床用			梁・柱・基礎用			地震力用		
	固定	積載	合計	固定	積載	合計	固定	積載	合計
屋根	382	0	382	700	0	700	700	0	700
2階	340	1800	2140	660	1300	1960	660	600	1260
1階	150	1800	1950	250	1300	1550	250	600	850

(1) 標高 ≦ 400 m の地域
$$d = 0.09\, l_s + 21$$
(2) 標高 ＞ 400 m の地域
$$d = 1.1(0.09\, l_s + 21)$$
d：垂直積雪量 [cm]

l_s：標高 [m] → 東寺 22.1 m　$d = 0.09 \times 22.1 + 21 = 22.989$ cm → 30 cm

【b】積雪荷重の低減

積雪荷重は，屋根勾配，雪下ろしおよび多雪区域の応力の組合せにより低減することができる．なお，多雪区域の場合における計算例については，『実務から見た木造構造設計』（上野嘉久著／学芸出版社）に示しているので参照されたい．

①屋根勾配による低減

雪止めがない屋根で勾配が 60°以下の場合は，表 3·6 に示す屋根形状係数 μ_b を乗じて積雪荷重を低減してもよい．

②雪下ろしによる低減

雪下ろしの習慣のある地方については，積雪量を 1 m まで低減することが可能である．その低減の対象となるのは，住宅等で常時雪下ろしができる場合に限定される．なお，積雪量を減らして計算した場合は，その事項を見やすい場所に表示する．

③多雪区域の応力組合せと低減

多雪区域における応力の組合せで，長期荷重時，短期荷重時の積雪荷重の低減を表 3·2 に示す．

表 3·6　屋根形状係数 μ_b

屋根勾配　寸		2寸	2.5寸	3寸	3.5寸	4寸	4.5寸	5寸	5.5寸	6寸	7寸	8寸	9寸	10寸	
屋根勾配	θ	11.31°	14°	16.7°	19.29°	21.8°	24.22°	26.56°	28.81°	31°	35°	38.66°	42°	45°	$\theta > 60°$
	1.5θ	16.96°	21°	25.05°	28.93°	32.7°	36.33°	39.84°	43.21°	46.5°	52.5°	58°	63°	67.5°	
$\cos(1.5\theta)$		0.956	0.933	0.906	0.875	0.841	0.805	0.767	0.728	0.689	0.609	0.53	0.454	0.382	0
屋根形状係数 $\mu_b = \sqrt{\cos(1.5\theta)}$		0.977	0.965	0.951	0.935	0.917	0.897	0.875	0.853	0.83	0.78	0.728	0.673	0.618	

---構造計算書演習例 p. 6---

建設地：京都市伏見区（標高 ≦ 400 m）…… 一般区域

　京都市の施行細則において，垂直積雪量 30 cm 以上と決められている．

　屋根勾配　5寸　$\theta = 26.56°$

　屋根形状係数　表 3·6 より　$\mu_b = 0.875$

　積雪荷重　$S = 20\ \text{N/m}^2\cdot\text{cm} \times 30\ \text{cm} \times 0.875 = 525\ \text{N/m}^2$

　積雪時の荷重の組合せ（表 3·2）

　　長期：$G + P$

　　短期：$G + P + S$

330 特殊荷重

なし

340 積雪荷重

⬜1 一般区域（ 京都市伏見区 ）

①特定行政庁の規則なし …… 積雪荷重計算不要
②特定行政庁の規則あり

垂直積雪量　30　cm
屋根勾配　5　寸　θ = 26.56　°
屋根形状係数　μ_b = 0.875
積雪荷重　$S = 20\ \text{N/m}^2\cdot\text{cm} \times$　30　cm ×　0.875　=　525　N/m²
荷重の組合せ　長期：$G + (P)$ =　382　+　0　=　382　N/m²
　　　　　　　短期：$G + (P) + S$ =　382　+　0　+　525　=　907　N/m²

⬜2 多雪区域（　　　　　　　）

積雪単位荷重　　　　N/m²·cm
垂直積雪量　　　　cm
屋根勾配　　　寸　θ =　　　°
屋根形状係数　μ_b =
積雪荷重　S =　　　N/m²·cm ×　　　cm ×　　　=　　　N/m²
荷重の組合せ　長期：$G + (P) + 0.7S$ =　　　+　　　+ 0.7 ×　　　=　　　N/m²
　　　　　　　短期：$G + (P) + S$ =　　　+　　　+　　　=　　　N/m²

> 屋根固定荷重 310 より　カラーベスト　$G = 382\,\mathrm{N/m^2}$（水平面あたり）
> 　勾配屋根の積載荷重 P は 0 とする．
> 長期：$G + (P) = 382 + 0 = 382\,\mathrm{N/m^2}$
> 短期：$G + (P) + S = 382 + 0 + 525 = 907\,\mathrm{N/m^2}$

350 地震力

建物に作用する地震力（地震層せん断力）は，各階ごとに，その階以上の重量にその階の地震層せん断力係数 C_i を乗じて求める．

計算式は次のように表される．

地震力 ＝ （固定荷重 ＋ 積載荷重） × 地震層せん断力係数
　↓　　　　↓　　　　　　↓　　　　　　　　　↓
　Q　　　G　　　　　P　　　　　　　　　C_i
　　　　　算定しようとする階以上の部分の合計

$$Q = (G + P) \cdot C_i$$

なお，特定行政庁が指定した多雪区域の場合は下式となる．

$$Q = (G + P + 0.35\,S) \cdot C_i$$
（↑ 積雪荷重）

351 地震力のための建物重量算定

地震力算定用の建物重量は，**320** 積載荷重と床荷重一覧表における地震力用の荷重により 2 階，1 階，基礎と算定し，上階より累計して求める．ただし，基礎用の建物重量については梁・柱・基礎用の荷重を採用する．

各階の重量算定は，各階高の中間位置より上部について行う（図 3·2）．

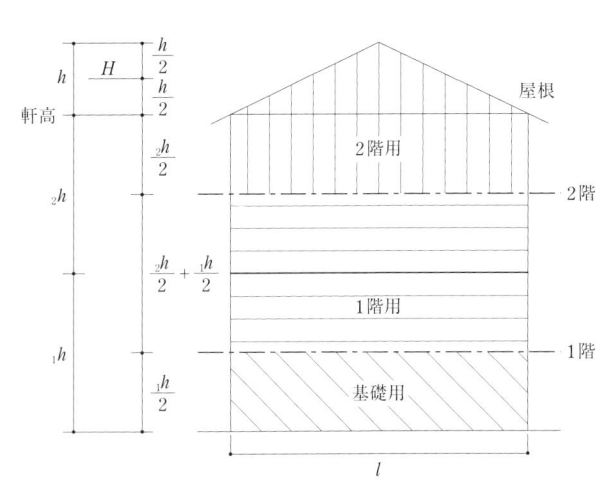

図 3·2　地震力用重量算定範囲

352 地震層せん断力係数 C_i の算定

地震層せん断力係数 C_i は，次式によって得られる．

$C_i = Z \cdot R_t \cdot A_i \cdot C_o$

　Z　：地域係数（表 3・7）

　R_t　：振動特性係数

　A_i　：地震層せん断力係数の高さ方向の分布係数

　C_o　：標準せん断力係数

表 3・7　地域係数 Z

	地方	数値
(1)	(2) から (4) までに掲げる地方以外の地方	1.0
(2)	北海道のうち 　札幌市　函館市　小樽市　室蘭市　北見市　夕張市　岩見沢市　網走市　苫小牧市　美唄市　芦別市　江別市　赤平市　三笠市　千歳市　滝川市　砂川市　歌志内市　深川市　富良野市　登別市　恵庭市　伊達市　札幌郡　石狩郡　厚田郡　浜益郡　松前郡　上磯郡　亀田郡　茅部郡　山越郡　檜山郡　爾志郡　久遠郡　奥尻郡　瀬棚郡　島牧郡　寿都郡　磯谷郡　虻田郡　岩内郡　古宇郡　積丹郡　古平郡　余市郡　空知郡　夕張郡　樺戸郡　雨竜郡　上川郡（上川支庁）のうち東神楽町，上川町，東川町および美瑛町　勇払郡　網走郡　斜里郡　常呂郡　有珠郡　白老郡 青森県のうち 　青森市　弘前市　黒石市　五所川原市　むつ市　東津軽郡　西津軽郡　中津軽郡　南津軽郡　北津軽郡　下北郡 秋田県 山形県 福島県のうち 　会津若松市　郡山市　白河市　須賀川市　喜多方市　岩瀬郡　南会津郡　北会津郡　耶麻郡　河沼郡　大沼郡　西白河郡 新潟県 富山県のうち 　魚津市　滑川市　黒部市　下新川郡 石川県のうち 　輪島市　珠洲市　鳳至郡　珠洲郡 鳥取県のうち 　米子市　倉吉市　境港市　東伯郡　西伯郡　日野郡 島根県 岡山県 広島県 徳島県のうち 　美馬郡　三好郡 香川県のうち 　高松市　丸亀市　坂出市　善通寺市　観音寺市　小豆郡　香川郡　綾歌郡　仲多度郡　三豊郡 愛媛県 高知県 熊本県（(3)に掲げる市および郡を除く） 大分県（(3)に掲げる市および郡を除く） 宮崎県	0.9
(3)	北海道のうち 　旭川市　留萌市　稚内市　紋別市　士別市　名寄市　上川郡（上川支庁）のうち鷹栖町，当麻町，比布町，愛別町，和寒町，剣淵町，朝日町，風連町および下川町　中川郡（上川支庁）増毛郡　留萌郡　苫前郡　天塩郡　宗谷郡　枝幸郡　礼文郡　利尻郡　紋別郡 山口県 福岡県 佐賀県 長崎県 熊本県のうち 　八代市　荒尾市　水俣市　玉名市　本渡市　山鹿市　牛深市　宇土市　飽託郡　宇土郡　玉名郡　鹿本郡　葦北郡　天草郡 大分県のうち 　中津市　日田市　豊後高田市　杵築市　宇佐市　西国東郡　東国東郡　速見郡　下毛郡　宇佐郡 鹿児島県（名瀬市および大島郡を除く）	0.8
(4)	沖縄県	0.7

（昭 55 建告 1793 より）

【a】地域係数 Z

地域係数 Z は，その地方における過去の地震の記録等に基づき 0.7 から 1.0 までの範囲内で告示に定められている（表 3·7）．東京，横浜，名古屋，京都，大阪，神戸等は $Z = 1.0$ で低減はない．沖縄では $Z = 0.7$ である．

【b】振動特性係数 R_t

地盤の性状（卓越周期 T_c，表 3·8）と建築物の固有周期 T（木造の場合 $T = 0.03H$，H は建築物の高さ）との関係によって建築物の地震に対する応答のしかたが変わる．それを C_i の算定にあたって考慮するための係数が振動特性係数 R_t である．T が小さい建築物（中小規模のもの）で，その地盤の T_c が大きい（地盤が悪い）場合には $R_t = 1.0$ となる．T が T_c よりも大きい場合には，$R_t < 1.0$ となって C_i を低減することになる．木造平家・2階建では，$T < T_c$ となり $R_t = 1.0$ である．

表 3·8　地盤の種類と性状（卓越周期 T_c）

地盤種別	地盤	T_c [秒]
第1種地盤（硬質）	岩盤，硬質砂れき層，その他主として第3紀以前の地層によって構成されているもの，または地盤周期等についての調査もしくは研究の結果に基づき，これと同程度の地盤周期を有すると認められるもの	0.4
第2種地盤（普通）	第1種地盤および第3種地盤以外のもの	0.6
第3種地盤（軟弱）	腐植土，泥土，その他これらに類するもので大部分が構成されている沖積層（盛土がある場合においてはこれを含む）で，その深さがおおむね30m以上のもの，沼沢，泥海等を埋め立てた地盤の深さがおおむね3m以上であり，かつ，これらで埋め立てられてからおおむね30年経過していないもの，または地盤周期等についての調査もしくは研究の結果に基づき，これらと同程度の地盤周期を有すると認められるもの	0.8

（昭 55 建告 1793 より）

【c】高さ方向の分布係数 A_i

過去の地震時の地震計の記録から，建築物の上部には底面の数倍の加速度が作用することが明らかになっている．この加速度の差を反映させる係数が A_i である．

$$A_i = 1 + \left(\frac{1}{\sqrt{\alpha_i}} - \alpha_i\right)\frac{2T}{1+3T}$$

$$T = 0.03H$$

$$\alpha_i = \frac{W_i}{W_1}$$

T：建築物の固有周期 [秒]

H：建築物の高さ [m]

α_i：建物重量の比

　　1 階部分　$\alpha_1 = \dfrac{W_1}{W_1} = 1.0 \to A_1 = 1.0$

　　2 階部分　$\alpha_2 = \dfrac{W_2}{W_1}$

W_i：i 階以上の建物重量 [kN]

W_2：2 階の建物重量 [kN]（図 3·3）

W_1：1 階以上の建物重量 [kN]（図 3·3）

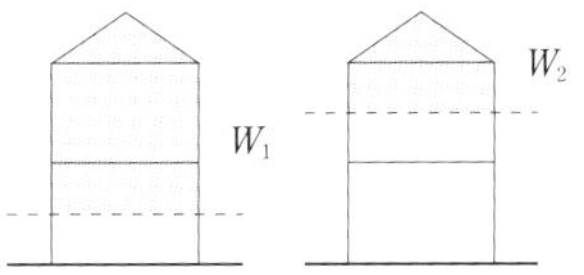

図 3·3　建物重量

【d】標準せん断力係数 C_o

C_o は地震力算定の係数でもっとも重要なものである．通常は $C_o = 0.2$ であり，軟弱地盤指定区域での木造建築物の場合には $C_o = 0.3$ を採用しなければならない．

【e】木造2階建の C_i

建築地が東京，横浜，名古屋，京都，大阪，神戸等の $Z = 1.0$ の地域（軟弱地盤指定区域外）では，地震層せん断力係数 C_i の値は下式となる．

2階　$C_2 = Z \cdot R_t \cdot A_i \cdot C_o = 1.0 \times 1.0 \times A_2 \times 0.2 = 0.2 A_2$

1階　$C_1 = 1.0 \times 1.0 \times 1.0 \times 0.2 = 0.2$

構造計算書演習例 p.7

● 350 解説 ── 地震力算定の順序とポイント

地震力は，建物重量 W_i に地震層せん断力係数 C_i を乗じて求める．

351　建物重量の算定

各階高の中間位置より上部の建物重量を計算する．

各階の床荷重については，320 積載荷重と床荷重一覧表における地震力用を採用する．

内壁・外壁の固定荷重は 310 による．内壁の箇所数には，垂れ壁，木製建具，障子，襖等も含める．

なお，320 の梁・柱・基礎用の床荷重に基づき，基礎設計用の建物重量も同時に算定しておく（表中 [　] 内の数値）．

352　地震力の算定

2階の建物重量　$W_2 = 54$ kN

1階以上の建物重量　$W_1 = 153$ kN

[1] 層せん断力係数 C_i の算定

$C_i = Z \cdot R_t \cdot A_i \cdot C_o$

　　Z：地域係数　表3·7より　京都市　$Z = 1.0$

　　R_t：振動特性係数　$T < T_c$ のとき $R_t = 1.0$（木造2階建の場合，地盤の種別に関わらず $R_t = 1.0$ である）

　　　　T：1次固有周期　$T = 0.03H = 0.03 \times 6.6$ m $= 0.198$ 秒

　　　　T_c：卓越周期　表3·8より　第2種地盤　$T_c = 0.6$ 秒

　　A_i：地震層せん断力係数の高さ方向の分布係数

$$A_i = 1 + \left(\frac{1}{\sqrt{\alpha_i}} - \alpha_i \right) \frac{2T}{1 + 3T}$$

　　　　α_i：建物重量比

　　　　　2階　$\alpha_2 = \dfrac{W_2}{W_1} = \dfrac{54 \text{ kN}}{153 \text{ kN}} = 0.352$

　　　　　1階　$\alpha_1 = 1.0$

$$2階 \quad A_2 = 1 + \left(\frac{1}{\sqrt{\alpha_2}} - \alpha_2\right)\frac{2T}{1+3T}$$

$$= 1 + \left(\frac{1}{\sqrt{0.352}} - 0.352\right) \times \frac{2 \times 0.198}{1 + 3 \times 0.198} = 1.331$$

$$1階 \quad A_1 = 1.0$$

C_o：標準せん断力係数　$C_o = 0.2$（令88条2項）

層せん断力係数　2階　$C_2 = Z \times R_t \times A_2 \times C_o = 1.0 \times 1.0 \times 1.331 \times 0.2 = 0.266$

　　　　　　　　1階　$C_1 = Z \times R_t \times A_1 \times C_o = 1.0 \times 1.0 \times 1.0 \times 0.2 = 0.2$

2 地震力の算定

$Q_i = W_i \times C_i$

2階　$Q_2 = 54 \text{ kN} \times 0.266 = 14.364 \text{ kN} \rightarrow$ 設計 15 kN

1階　$Q_1 = 153 \text{ kN} \times 0.2 = 30.6 \text{ kN} \rightarrow$ 設計 31 kN

なお，ここで求められる各階の地震力は層せん断力であるので，1階の地震力の算定において2階分の地震力を加算する必要はない．

360 風圧力

風圧力は下式にて求める．

　　風圧力＝速度圧×風力係数×見付面積

361 速度圧の算定

速度圧 q は次式により算定する．

$$q = 0.6 E \cdot V_0^2 = 0.6 E_r^2 \cdot G_f \cdot V_0^2$$

　　q　：速度圧［N/m²］

　　E　：風速の鉛直方向分布係数　$E = E_r^2 \cdot G_f$

　　V_0　：基準風速［m/s］（表3·9）

【a】E の算定式

$$E = E_r^2 \cdot G_f$$

　　E_r：平均風速の高さ方向の分布係数

　　G_f：ガスト影響係数（表3·11）

① E_r を求む

$$H \leq Z_b のとき \quad E_r = 1.7\left(\frac{Z_b}{Z_G}\right)^\alpha$$

$$H > Z_b のとき \quad E_r = 1.7\left(\frac{H}{Z_G}\right)^\alpha$$

　　H　：建築物の高さと軒高 h との平均高さ［m］

　　Z_b, Z_G：地表面粗度区分の高さ［m］（表3·10）

　　α　：地表面粗度区分の係数（表3·10）

350 地震力

351 建物重量の算定

[ ]は基礎用

階	項目	荷重[N/m²]	面積[m²]	小計[N]	計[N]	合計[N]	設計
2階	屋根	700	$(4.5+0.3+0.3)\times(7.2+0.6+0.6)$ $=42.84$	29988			
	2階外壁	450	$\left(\dfrac{4.5\times1.2}{2}\right)\times2=5.4$	2430			
			$(4.5\times2+7.2\times2)\times\dfrac{2.7}{2}=31.59$	14215			
	2階内壁	350	$0.9\times\dfrac{2.7}{2}\times17$ヶ所$=20.655$	7229	53862	53862	$W_2=54$ kN
1階	2階床	1260 [1960]	$4.5\times7.2=32.4$	40824 [63504]			
	屋根	700	$(4.5+0.3+0.3)\times(1.8+0.6)$ $=12.24$	8568			
	2階外壁	450	$(4.5\times2+7.2\times2)\times\dfrac{2.7}{2}=31.59$	14215			
	1階外壁	450	$(4.5\times2+9\times2)\times\dfrac{2.8}{2}=37.8$	17010			
	2階内壁	350	$0.9\times\dfrac{2.7}{2}\times17$ヶ所$=20.655$	7229			
	1階内壁	350	$0.9\times\dfrac{2.8}{2}\times24$ヶ所$=30.24$	10584	98430 [121110]	152292 [174972]	$W_1=153$ kN
基礎	1階床	[1550]	$4.5\times9=40.5$	[62775]			
	1階外壁	450	$(4.5\times2+9\times2)\times\dfrac{2.8}{2}=37.8$	17010			
	1階内壁	350	$0.9\times\dfrac{2.8}{2}\times24$ヶ所$=30.24$	10584	[90369]	[265341]	[266 kN]

352 地震力の算定

- 地域係数　　京都市　　$Z=$ 1.0
- 1次固有周期　$T=0.03H=0.03\times$ 6.6 m = 0.198 秒
- 地盤種別　第 2 種地盤
- 卓越周期　$T_c=$ 0.6 秒
- 振動特性係数　$R_t=1.0$
- 建物重量比　2階　$\alpha_2=\dfrac{W_2}{W_1}=\dfrac{54\text{ kN}}{153\text{ kN}}=$ 0.352

　　　　　　　1階　$\alpha_1=1.0$
- 高さ方向の分布係数　2階　$A_2=1+\left(\dfrac{1}{\sqrt{\alpha_2}}-\alpha_2\right)\dfrac{2T}{1+3T}=1+\left(\dfrac{1}{\sqrt{0.352}}-0.352\right)\times\dfrac{2\times0.198}{1+3\times0.198}$

　　　　　　　　　　　　　　　　　　　　　　　　　　$=$ 1.331

　　　　　　　　　　1階　$A_1=1.0$
- 標準せん断力係数　$C_o=$ 0.2

階	W_i [kN]	Z	R_t	A_i	C_o	C_i	Q_i [kN]	設計 Q_i [kN]
2	54	1.0	1.0	1.331	0.2	0.266	14.364	15
1	153	1.0	1.0	1.0	0.2	0.2	30.6	31

— 7 —

表3・9 基準風速 V_0

	V_0 [m/s]	
(1)	30	(2)～(9)の地方以外
(2)	32	札幌市，久慈市，秋田市，鶴岡市，水戸市，川越市，八王子市，相模湖町，両津市，敦賀市，富士吉田市，多治見市，静岡市，豊橋市，大津市，京都府，高槻市，姫路市，奈良市，鳥取市，益田市，岡山市，広島市，山田市，山鹿市，大分市，高千穂町
(3)	34	函館市，青森県，二戸市，能代市，土浦市，川口市，市川市，東京都23区，横浜市，岐阜市，沼津市，名古屋市，三重県，彦根市，大阪市，神戸市，五條市，和歌山県，津和野町，呉市，山口県，三好町，香川県，愛媛県，大川村，北九州市，佐賀県，長崎市，熊本市，延岡市
(4)	36	山越郡，鹿嶋市，千葉市，横須賀市，伊東市，徳島市，宿毛市，福江市，宮崎市，川内市
(5)	38	銚子市，大島町，鷲敷町，高知市，鹿児島市
(6)	40	室戸市，枕崎市，指宿市
(7)	42	八丈町，中種子町
(8)	44	屋久町
(9)	46	名瀬市，沖縄県

(平12建告1454第2より抜粋)

表3・10 地表面粗度区分の Z_b, Z_G, α

地表面粗度区分		Z_b [m]	Z_G [m]	α
I	平坦地で特定行政庁が定める区域	5	250	0.10
II	樹木・低層建築物が散在する平坦地 $H \leq 13$ m除く	5	350	0.15
*III	樹木・低層建築物が密集する区域	5	450	0.20
IV	市街地で特定行政庁が定める区域	10	550	0.27

＊住宅は基本的に平坦な住宅地を想定し，IIIを仮定している

(平12建告1454第1第2項より)

表3・11 ガスト影響係数 G_f

地表面粗度区分	$H \leq 10$ m
I	2.0
II	2.2
III	2.5
IV	3.1

(平12建告1454第1第3項より抜粋)

② G_f を求む

地表面粗度区分に応じて，表3・11 により求める．

【b】基準風速 V_0

各地方の台風の記録に基づいて定められた値で，平12建告1454に示されている（表3・9）．

3.6.2 風力係数の算定

【a】風力係数算定図表

風力係数 C_f は，建築物の形状に応じた定数であり，平12建告1454に示されている図表に基づき算定する（表3・12）．

$$C_f = C_{pe} - C_{pi}$$

C_{pe}：閉鎖型，開放型の外圧係数（表3・12中の表1，表2，表3）

　　　　屋外から垂直に押す方向の数値は＋とする

　　　　屋外から垂直に引く方向の数値は－とする

表3・12 風力係数算定図表一覧

図1 閉鎖型の建築物（張り間方向に風を受ける場合．表1から表4までを用いるものとする．）

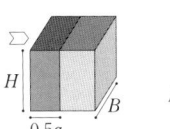

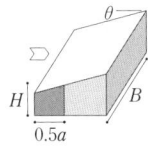

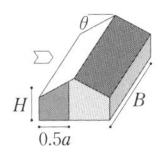

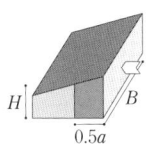

図2 閉鎖型の建築物（桁行方向に風を受ける場合．表1，表2および表4を用いるものとする．）

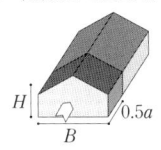

注 屋根面については、張り間方向に風を受ける陸屋根と同じ扱いとする。

図3 開放型の建築物（表1，表3および表4を用いるものとする．）

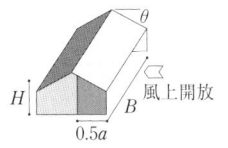

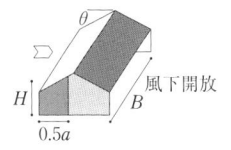

風上開放　風下開放

表1　壁面の C_{pe}

部位	風上壁面	側壁面		風下壁面
		風上端部より $0.5a$ の領域	左に揚げる領域以外の領域	
C_{pe}	$0.8k_z$	-0.7	-0.4	-0.4

表2　陸屋根面の C_{pe}

部位	風上端部より $0.5a$ の領域	左に揚げる領域以外の領域
C_{pe}	-1.0	-0.5

表3　切妻屋根面，片流れ屋根面およびのこぎり屋根面の C_{pe}

部位　　　θ	風上面		風下面
	正の係数	負の係数	
10度未満	—	-1.0	-0.5
10度	0	-1.0	-0.5
30度	0.2	-0.3	-0.5
45度	0.4	0	-0.5
90度	0.8	—	-0.5

この表に掲げる θ の数値以外の θ に応じた C_{pe} は，表に掲げる数値をそれぞれ直線的に補間した数値とする．ただし，θ が10度未満の場合にあっては正の係数を，θ が45度を超える場合にあっては負の係数を用いた計算は省略することができる．

表4　閉鎖型および開放型の建築物の C_{pi}

型式	閉鎖型	開放型	
		風上開放	風下開放
C_{pi}	0および-0.2	0.6	-0.4

（平12建告1454第3より抜粋）

C_{pi}：閉鎖型，開放型の内圧係数（表3·12中の表4）

   室内から垂直に押す方向の数値は＋とする

   室内から垂直に引く方向の数値は－とする

住宅の場合，内圧係数 $C_{pi} = 0$ として省略し，風力係数 C_f は外圧係数 C_{pe} に等しくなる．

  $C_f = C_{pe}$

・表3·12の記号解説

  H：建築物の高さと軒高の平均高さ［m］

  Z：計算する部分の地盤面GLからの高さ［m］

  B：風向に対する見付幅［m］

  D：風向に対する奥行［m］

  k_z：表3·13により計算した数値

  a：Bと$2 \times H$のうち小さい方の数値［m］

   （住宅の設計においては図1，図2，図3，表1，表2の側壁面の風圧力を省略している）

  h：軒高［m］

  θ：屋根面と水平面との角度［度］

表3·13　k_z の算定式

		k_z
$H \leq Z_b$		1.0
$H > Z_b$	$Z \leq Z_b$	$\left(\dfrac{Z_b}{H}\right)^{2\alpha}$
	$Z > Z_b$	$\left(\dfrac{Z}{H}\right)^{2\alpha}$

Z_b, α は表3·10の数値

【b】勾配屋根面の風力係数

表3·12「風力係数算定図表一覧」の表3をもとに作成した風上屋根面の C_{pe} の補間値算定図表を図3·4に示す．

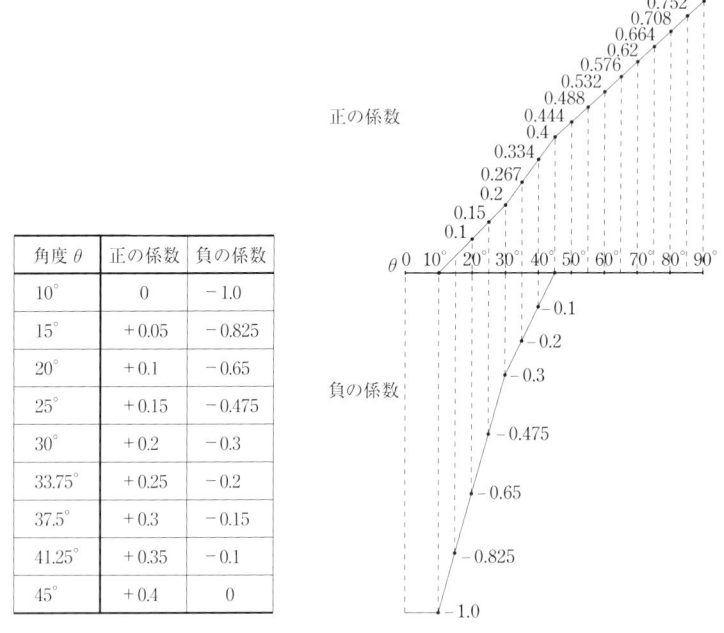

角度 θ	正の係数	負の係数
10°	0	－1.0
15°	＋0.05	－0.825
20°	＋0.1	－0.65
25°	＋0.15	－0.475
30°	＋0.2	－0.3
33.75°	＋0.25	－0.2
37.5°	＋0.3	－0.15
41.25°	＋0.35	－0.1
45°	＋0.4	0

図3·4　屋根面の C_{pe} の補間値算定図表

また，図3·5は勾配6寸，5寸，4寸，3寸，2寸の屋根面における風力係数の一覧である．

① 6寸（$\theta=31°$）…実務的に30°の値を採用

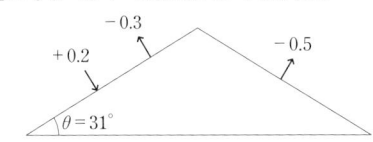

水平力に対して　↘+0.2 +↗ -0.5 =→0.7　←採用
水平力に対して　↖-0.3 +↗ -0.5 =→0.2

② 5寸（$\theta=26.56°$）…実務的に25°の値を採用

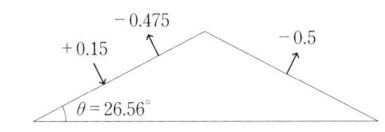

水平力に対して　↘+0.15 + ↗-0.5 =→0.65　←採用
水平力に対して　↖-0.475 + ↗-0.5 =→0.025

③ 4寸（$\theta=21.8°$）…実務的に20°の値を採用

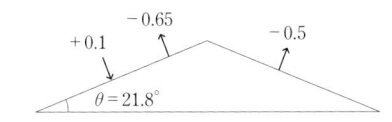

水平力に対して　↘+0.1 + ↗-0.5 =→0.6　←採用
水平力に対して　↖-0.65 + ↗-0.5 =←0.15

④ 3寸（$\theta=16.7°$）…実務的に15°の値を採用

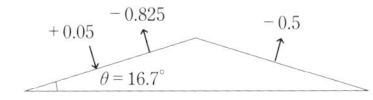

水平力に対して　↘+0.05 + ↗-0.5 =→0.55　←採用
水平力に対して　↖-0.825 + ↗-0.5 =→0.325

⑤ 2寸（$\theta=11.31°$）…実務的に10°の値を採用

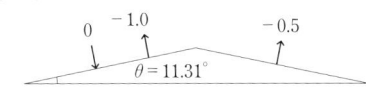

水平力に対して　↘ 0 + ↗-0.5 =→0.5　←採用
水平力に対して　↖-1.0 + ↗-0.5 =0.5

図3·5　勾配屋根面の風力係数一覧

363 見付面積の算定

Y方向の筋かいを計算する場合の見付面積はX方向面の壁面積を求め，X方向の筋かい計算の場合はY方向面の壁面積によって計算する．床面から1.35 mを除いた壁面積を採用する（図3·6）．

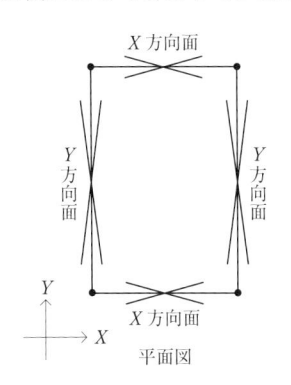

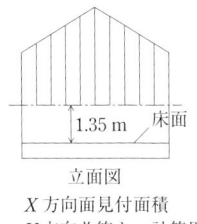

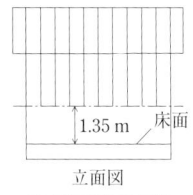

図3·6　見付面積図

構造計算書演習例 p. 8

● 360 解説 — 風圧力算定の順序とポイント

風圧力は，速度圧と風力係数，見付面積の積として求められる．

361 速度圧の算定

$$q = 0.6\,E \cdot V_0^2 = 0.6\,E_r^2 \cdot G_f \cdot V_0^2 = 0.6 \times 0.73^2 \times 2.5 \times 32^2 = 818.534 \text{ N/m}^2 \rightarrow 819 \text{ N/m}^2$$

E_r：平均風速の高さ方向の分布係数

　　表3·10 より　地表面粗度区分Ⅲ　$Z_b = 5$ m　$Z_G = 450$ m　$\alpha = 0.2$

　　建築物の高さと軒高の平均高さ　$H = 6.6$ m

$$H > Z_b \text{ のとき}\quad E_r = 1.7\left(\frac{H}{Z_G}\right)^{\alpha} = 1.7 \times \left(\frac{6.6}{450}\right)^{0.2} = 0.73$$

G_f：ガスト影響係数　表3·11 より　地表面粗度区分Ⅲ　$H \leq 10$ m　$G_f = 2.5$

V_0：基準風速　表3·9 より　京都府　$V_0 = 32$ m/s

362 風力係数の算定

風力係数 C_f は，外圧係数 C_{pe} と内圧係数 C_{pi} との差として求められるが，住宅の設計においては $C_{pi} = 0$ として省略し，$C_f = C_{pe}$ として算定する．

1 張り間方向

①屋根面の風力係数

　屋根勾配　5寸　$\theta = 26.56°$

　図3·5 より　風上面　$C_f = C_{pe} = 0.15$

　　　　　　　風下面　$C_f = C_{pe} = -0.5$

②壁面の風力係数

　表3·12 の表1 より　風上壁面　$C_f = C_{pe} = 0.8k_z \rightarrow$ ③へ

　　　　　　　　　　風下壁面　$C_f = C_{pe} = -0.4$

　　　　　　　　　　側壁面については省略

③ k_z の計算と風上壁面の風力係数

　表3·13 の算定式による．2階建部分と平家部分に分けて計算する．

　i) 2階建部分

　　$H = 6.6$ m $> Z_b$ のとき

　　屋根軒　$Z = 6$ m $> Z_b$　$k_z = \left(\dfrac{Z}{H}\right)^{2\alpha} = \left(\dfrac{6}{6.6}\right)^{2 \times 0.2 *} = 0.962$

　　　$C_f = C_{pe} = 0.8k_z = 0.8 \times 0.962 = 0.769$

　　2階床　$Z = 3.3$ m $< Z_b$　$k_z = \left(\dfrac{Z_b}{H}\right)^{2\alpha} = \left(\dfrac{5}{6.6}\right)^{2 \times 0.2 *} = 0.894$

　　　$C_f = C_{pe} = 0.8k_z = 0.8 \times 0.894 = 0.715$

＊ CASIO *fx*-570W　指数計算

360 風圧力

361 速度圧の算定

- 地表面粗度区分　Ⅲ　　$Z_b =$ 5 m　$Z_G =$ 450 m　$\alpha =$ 0.2
- 平均風速の高さ方向の分布係数 E_r

$$H = 6.6 \text{ m} > Z_b \quad E_r = 1.7\left(\frac{H}{Z_G}\right)^\alpha = 1.7 \times \left(\frac{6.6}{450}\right)^{0.2} = 0.73$$

- ガスト影響係数　地表面粗度区分　Ⅲ　　$H \leq 10$ m　$G_f =$ 2.5
- 基準風速　　京都府　　$V_0 =$ 32 m/s

速度圧　$q = 0.6\, E \cdot V_0^2 = 0.6\, E_r^2 \cdot G_f \cdot V_0^2 = 0.6 \times$ 0.73$^2 \times$ 2.5 $\times$ 32$^2 =$ 819 N/m^2

362 風力係数の算定

1 張り間方向

①屋根面の風力係数　勾配 5 寸　$\theta =$ 26.56 °

　　風上面　$C_f = C_{pe} =$ 0.15

　　風下面　$C_f = C_{pe} =$ −0.5

②壁面の風力係数

　　風上壁面　$C_f = C_{pe} = 0.8 k_z$

　　風下壁面　$C_f = C_{pe} = -0.4$

③k_z の計算と風上壁面の風力係数

　i）2 階建部分　$H =$ 6.6 m $> Z_b$

　　屋根軒　$Z =$ 6 m $> Z_b$　$k_z = \left(\dfrac{Z}{H}\right)^{2\alpha} = \left(\dfrac{6}{6.6}\right)^{2 \times 0.2} =$ 0.962

　　　　　$C_f = C_{pe} = 0.8 k_z = 0.8 \times$ 0.962 $=$ 0.769

　　2 階床　$Z =$ 3.3 m $< Z_b$　$k_z = \left(\dfrac{Z_b}{H}\right)^{2\alpha} = \left(\dfrac{5}{6.6}\right)^{2 \times 0.2} =$ 0.894

　　　　　$C_f = C_{pe} = 0.8 k_z = 0.8 \times$ 0.894 $=$ 0.715

　ii）平家部分　$H =$ 3.9 m $< Z_b$　$k_z =$ 1.0

　　　　　$C_f = C_{pe} = 0.8 k_z = 0.8 \times$ 1.0 $=$ 0.8

ii) 平家部分
　　　　$H = 3.9\text{ m} < Z_b$ のとき　　$k_z = 1.0$
　　　　$C_f = C_{pe} = 0.8k_z = 0.8 \times 1.0 = 0.8$
2 桁行方向
　①屋根面の風力係数
　　表 3·12 の表 2 より　　$C_f = C_{pe} = -1.0$
　②③は，1 張り間方向の場合と同様．

363　見付面積の算定

　X 方向面見付面積（Y 方向（桁行方向）筋かい設計用），Y 方向面見付面積（X 方向（張り間方向）筋かい設計用）のそれぞれについて算定する．各階の見付面は，各階床高から 1.35 m の高さを境界線として区分する．

364　風圧力の算定

　求められた速度圧，風力係数，見付面積を一覧表に記入し，風圧力 P を計算する．
　なお，700 での金物設計時の引抜力算定には各階以上の風圧力の合計値（層風圧力）を用いる．ここで求められる風圧力 P は各階（各部分）のみに作用する風圧力であるので，ΣP の 1 階の欄において 1 階，2 階の風圧力の合計値（層風圧力）を算定する．

370 その他・土圧・水圧

地階壁，地階床等で土圧，水圧を考慮した場合には，その係数を示しておく．

2 桁行方向

①屋根面の風力係数　$C_f = C_{pe} = -1.0$

②壁面の風力係数

　　風上壁面　$C_f = C_{pe} = 0.8k_z$

　　風下壁面　$C_f = C_{pe} = -0.4$

③k_z の計算と風上壁面の風力係数

ⅰ) 2階建部分　$H = $ 6.6 m $> Z_b$

　　屋根軒　$Z = $ 6 m $> Z_b$　$k_z = \left(\dfrac{Z}{H}\right)^{2\alpha} = \left(\dfrac{6}{6.6}\right)^{2 \times 0.2} = $ 0.962

　　　　　　$C_f = C_{pe} = 0.8k_z = 0.8 \times$ 0.962 $=$ 0.769

　　2階床　$Z = $ 3.3 m $< Z_b$　$k_z = \left(\dfrac{Z_b}{H}\right)^{2\alpha} = \left(\dfrac{5}{6.6}\right)^{2 \times 0.2} = $ 0.894

　　　　　　$C_f = C_{pe} = 0.8k_z = 0.8 \times$ 0.894 $=$ 0.715

ⅱ) 平家部分　$H = $ 3.9 m $< Z_b$　$k_z = $ 1.0

　　　　　　$C_f = C_{pe} = 0.8k_z = 0.8 \times$ 1.0 $=$ 0.8

363　見付面積の算定

X方向面見付面積
Y方向筋かい計算用

Y方向面見付面積
X方向筋かい計算用

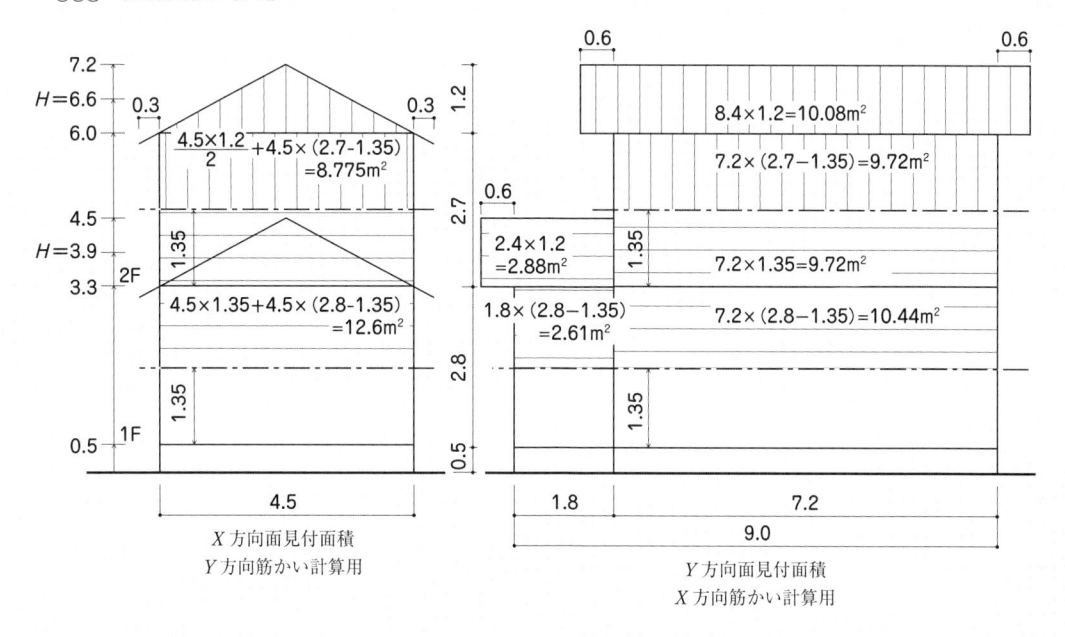

364　風圧力の算定

風圧力＝速圧力×風力係数×見付面積

階		面	速度圧 q [N/m²]	風力係数	見付面積 [m²]		風圧力 P [N]	$\sum P$ [N]	設計
X方向（張り間）筋かい	2	屋根	819	↘0.15+↗0.5=→0.65	Y方向面	10.08	5366	14672	15 kN
		壁		0.769+0.4=1.169		9.72	9306		
	1 平家	壁		0.715+0.4=1.115		20.16	18409	37179	38 kN
		屋根		↘0.15+↗0.5=→0.65		2.88	1533		
		壁		0.8+0.4=1.2		2.61	2565		
Y方向（桁行）筋かい	2	屋根		↑ −1.0　屋根面	X方向面		ひねり金物設計		
		壁		0.769+0.4=1.169		8.775	8401	8401	8.5 kN
	1	壁		0.8+0.4=1.2		12.6	12383	20784	21 kN

370　その他・土圧・水圧

なし

400 柱軸方向力

木造構造計算で最も難解なものが，柱軸方向力の算定である．柱軸方向力には，「柱・基礎設計用」と「柱頭・柱脚の仕口設計用」の2種類がある．
 ①柱軸方向力 N：柱・基礎設計用の軸方向力で，積載荷重は大梁・柱・基礎用の 1300 N/m² を採用する．
 ②柱軸方向力 N'：柱頭・柱脚の仕口金物設計に必要となる引抜力算定用の軸方向力で，積載荷重は地震力用の 600 N/m² を採用する．

410 柱梁伏図の作成

柱軸方向力の算定にあたっては，各階の柱梁伏図に各柱が分担する負担範囲を書き込むことから進める．2階柱の軸方向力算定には陸梁伏図を，1階柱の軸方向力算定には2階床の柱梁伏図を用いる．

【a】記号

柱梁伏図の作成においては，以下の記号を使用する．
 □ ：構造計算階の上階柱（管柱）
 ■→：下階に柱がない上階柱（矢印は，軸力を負担する下階柱×の位置方向を示す）
 ⊗ ：通柱
 × ：構造計算階の柱で，その階の床荷重を支える
 ⊠ ：構造計算柱×と上階柱□（上下階の管柱の位置が同じ）
 ○ ：束
 ▭ ：大梁
 ▭ ：小梁，つなぎ梁
 --- ：壁

【b】柱負担範囲の記入

柱梁伏図に各柱が負担する範囲を記入する．
 ①隣接する支持柱（構造計算柱）の×と×の中心に線を引く．■柱は除く．小梁・つなぎ梁についてはスパンの 1/2 に線を引くことになる．
 ②床荷重負担範囲を考慮しながら，レイアウトする区画線を太線で描く．

420 柱軸方向力の算定

各柱の軸方向力は，410 で求められた柱負担範囲に即して，その柱が負担する床荷重（2階について

は屋根荷重）および外壁・内壁の荷重の和として算定される．

【a】床荷重の算定

各柱の負担範囲面積を計算し，**320**にて求めた単位面積あたりの床荷重（屋根荷重）を乗じて算定する．柱・基礎設計用の柱軸方向力の算定は「梁・柱・基礎用」，金物設計に必要な引抜力を求めるための柱軸方向力の算定は「地震力用」による．

【b】内外壁荷重の算定

柱負担範囲内の外壁・内壁（間仕切壁）の長さに階高を乗じて面積を計算し，**310**にて求めた外壁・内壁の単位荷重をもとに算定する．

【c】柱位置ずれによる柱軸方向力の計算

2階柱の直下に1階柱がない場合については，2階柱の柱軸方向力を1階柱に按分しなければならないが（図4・1），実務的には柱と柱で区画した区画線内の柱軸方向力は区画線内の柱が負担するものとする（図4・2）．ただし，スパンの中心に作用する場合は$N/2$とする（図4・3）．

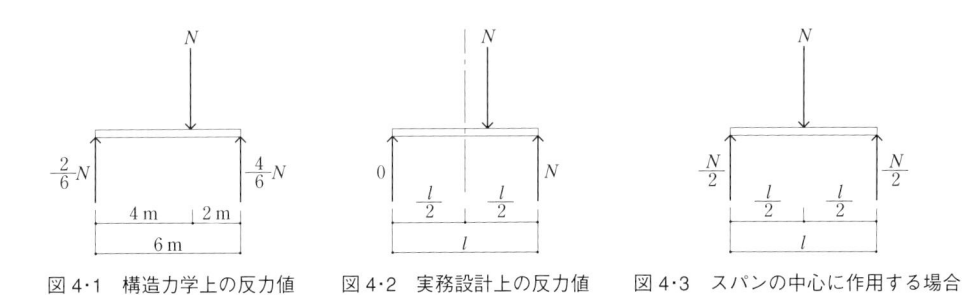

図4・1　構造力学上の反力値　　図4・2　実務設計上の反力値　　図4・3　スパンの中心に作用する場合

構造計算書演習例 p. 11

● **400** 解説 ── 柱軸方向力算定の順序とポイント

【a】各階柱梁伏図の描き方

陸梁伏図（2階の柱軸方向力算定用），2階床の柱梁伏図（1階の柱軸方向力算定用）を作成する．それをもとに，各柱の負担範囲を決定し，面積を算定する．

[1] 陸梁伏図（図4・4）

記号：通柱 ⊗，2階柱 ×，2階壁 ---，陸梁 ══，小屋梁・つなぎ梁 ──

梁伏図に各柱が荷重を負担する範囲を記入し，柱負担面積を求める．

①隣接する × 柱間の中心に細線で区画線 を引く．

②①で引いた区画線の交点を基点として太線にて区画線 を描く．

× 柱のない場合は梁の荷重負担・伝達を考えて決める．

③各区画面積を計算する．

図4·4　陸梁伏図

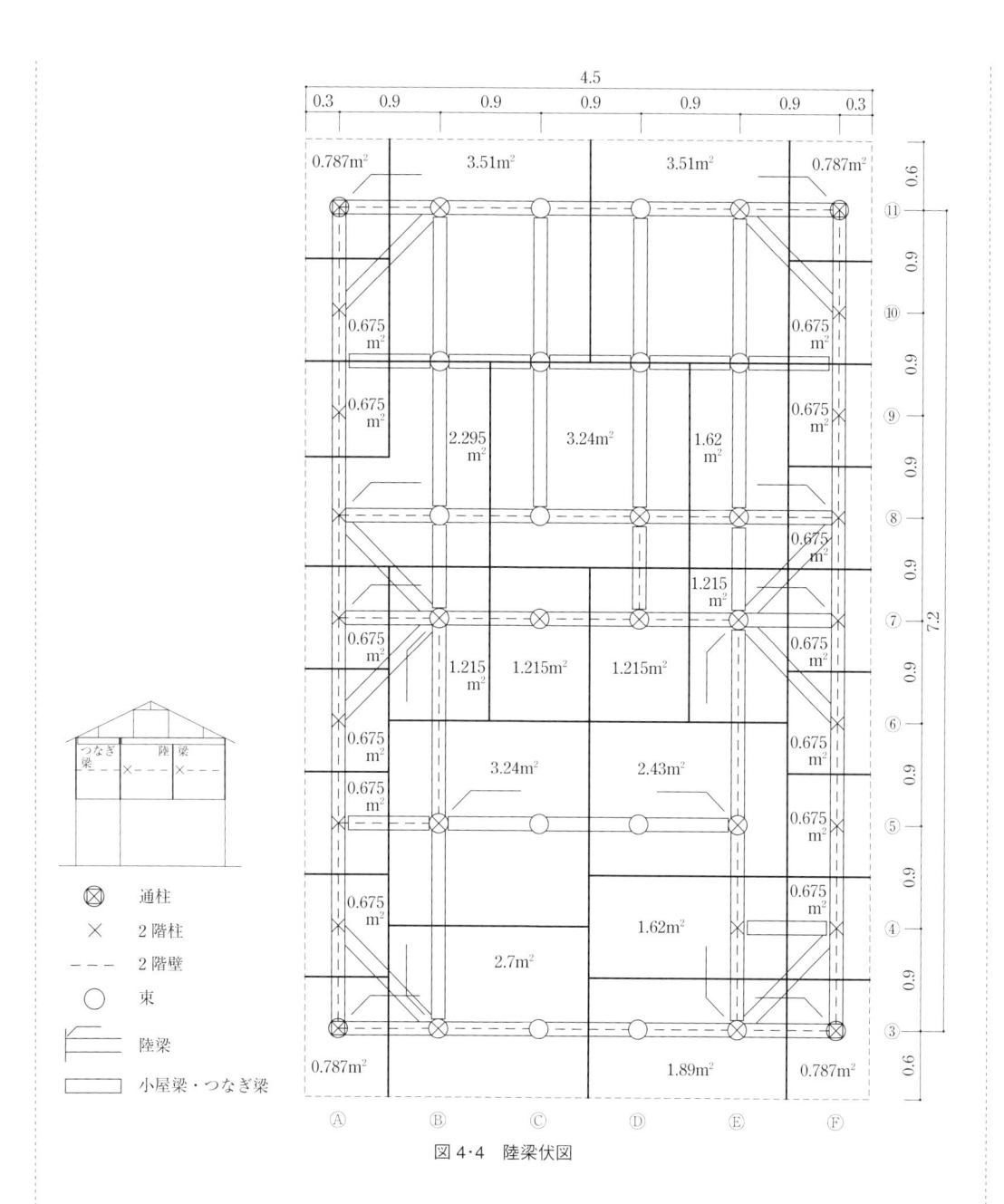

2 2階床の柱梁伏図（図4·5）

記号：通柱 ⊗，2階柱 □，1階柱のない2階柱 ■，1階柱 ×，1階壁 ---，
　　　大梁 ▭，小梁・つなぎ梁 ▭

柱梁伏図には，通柱 ⊗，2階柱 □，1階柱のない2階柱 ■，1階柱 × を記入する．

区画線 ┊ は ■ 柱を除いて描く．2階柱 ■ の軸方向力は，2階梁に作用し，その梁を支える1階柱 × に伝達する．したがって，荷重の方向 ▭→ は梁方向である．

図4・5 2階柱梁伏図

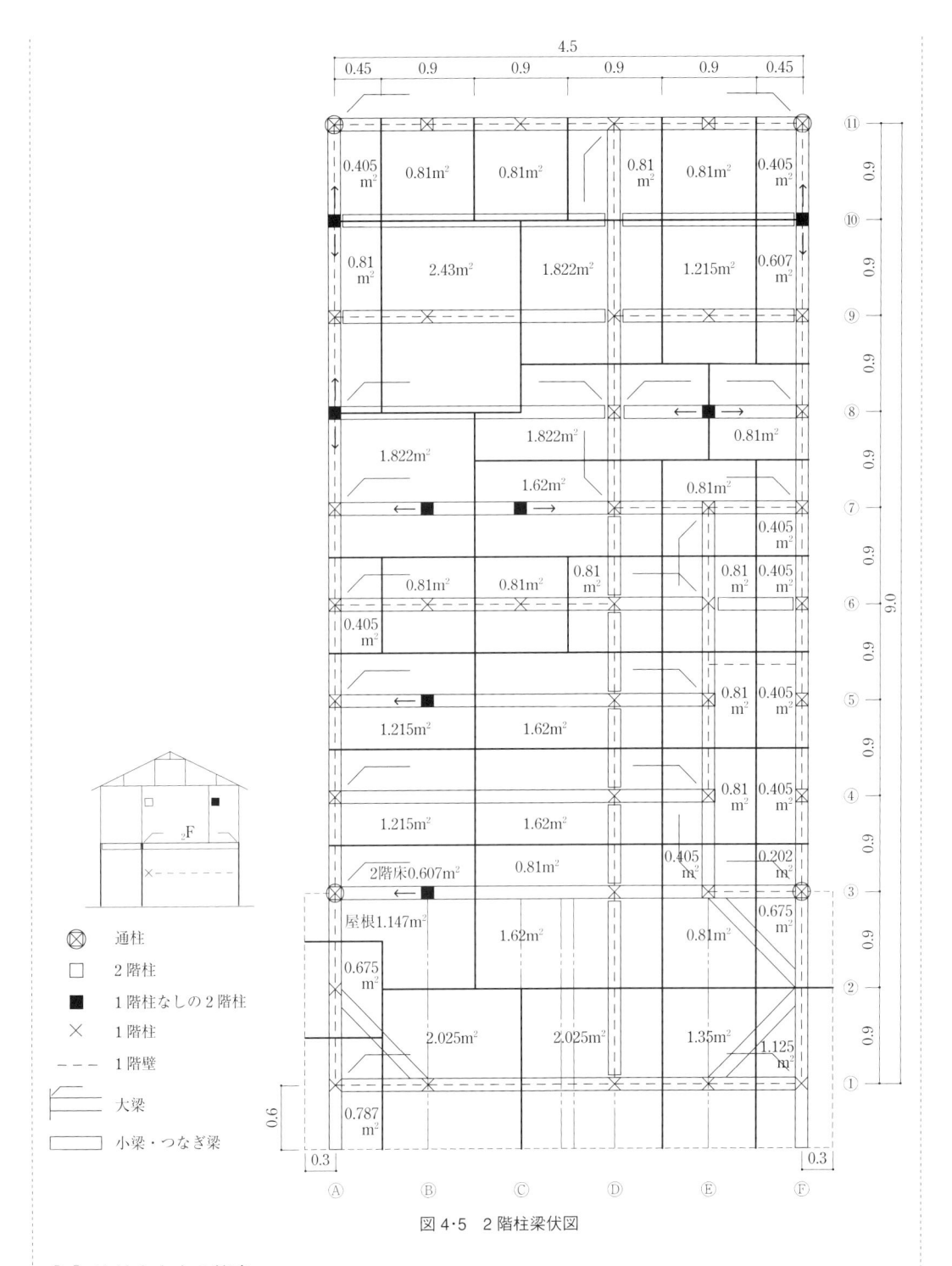

【b】柱軸方向力の算定

【a】で決定した柱負担範囲にしたがって各柱の負担荷重を計算する．2階柱の軸方向力は負担範囲内の屋根，外壁，2階間仕切壁の荷重を，1階柱においては2階床，外壁，1階間仕切壁，屋根（平家部分）の荷重を合計して求める（間仕切壁には垂れ壁，建具等も含める）．

妻壁の荷重について，**351** 地震力用建物重量の算定においては，2階の外壁荷重を面積

$A = \left(\dfrac{4.5 \times 1.2}{2}\right) \times 2 = 5.4 \text{ m}^2$ にて計算している．一方，柱軸方向力の算定では，負担範囲長さ l ごとに算定するとなると，面積計算が煩雑になる．そこで，妻壁を高さ $\dfrac{1.2}{2} = 0.6$ m の長方形と捉え，$A = l \times 0.6$ m として算定することとする（図 4・6）．

また，金物設計時の引抜力算定に必要となる柱軸方向力 N' も同時に求める（表中［　］の数値）．その際，2 階床の単位荷重には ③②⓪ の地震力用 1260 N/m² = 1.26 kN/m² を用いる．

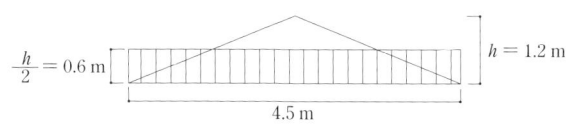

図 4・6 妻壁面積の略算

⑪通りの Ⓐ柱

・各部分の単位荷重，荷重面積

　2 階柱　屋根　単位荷重　③②⓪ 梁・柱・基礎用より　700 N/m² = 0.7 kN/m²
　　　　　　　　荷重面積　図 4・4 より　(0.3 m + 0.45 m) × (0.6 m + 0.45 m) = 0.787 m²
　　　　　　　　　　　　　　　　　　　　　↑　　　　　↑　　　　　↑　　　　　↑
　　　　　　　　　　　　　　　　　　　　　庇　　　範囲長さ l　軒出　　範囲長さ l

　　　　　外壁　単位荷重　③①⓪ より　450 N/m² = 0.45 kN/m²
　　　　　　　　荷重面積　図 4・4 より　(0.45 m + 0.45 m) × 2.7 m + 0.45 m × 0.6 m = 2.7 m²
　　　　　　　　　　　　　　　　　　　　　　↑　　　　　　　↑　　　　　　　↑
　　　　　　　　　　　　　　　　　　　　外壁長さ　　外壁高さ(階高)　　妻壁面積

　1 階柱　2 階床　単位荷重　③②⓪ 梁・柱・基礎用より　1960 N/m² = 1.96 kN/m²
　　　　　　　　　　　　　　③②⓪ 地震力用より　1260 N/m² = 1.26 kN/m²
　　　　　　　　荷重面積　図 4・5 より　0.45 m × 0.9 m = 0.405 m²

　　　　　外壁　単位荷重　③①⓪ より　450 N/m² = 0.45 kN/m²
　　　　　　　　荷重面積　図 4・5 より　(0.45 m + 0.9 m) × 2.8 m = 3.78 m²

・柱軸方向力算定

　各部分について，単位荷重 × 荷重面積により荷重を求め，累計する．

　2 階柱　屋根　0.7 kN/m² × 0.787 m²　　　　= 0.55 kN
　　　　　外壁　0.45 kN/m² × 2.7 m²　　　　　= 1.215 kN
　　　　　　　　　　　　　　　　　　　　　　　　　　　　　2 階計　1.765 kN
　1 階柱　2 階床　1.96 kN/m² × 0.405 m²　　　= 0.793 kN
　　　　　　　　　[1.26 kN/m² × 0.405 m²　　 = 0.51 kN]（柱軸方向力 N' 算定用）
　　　　　外壁　0.45 kN/m² × 3.78 m²　　　　 = 1.701 kN
　　　　　⑩Ⓐ2 階柱より　1.565 kN × $\dfrac{1}{2}$　= 0.782 kN（残りの $\dfrac{1}{2}$ は⑨Ⓐ柱が負担）
　　　　　　　　　　　　　　　　　　　　　　　　　　　　　1 階計　3.276 kN ［2.993 kN］
　　　　　　　　　　　　　　　　　　　　　　　　　　　　　合計　　5.041 kN ［4.758 kN］

400　柱軸方向力の算定

[　]　積載荷重低減値　3桁まで算定
4桁より切捨

符号	階	項目	単位荷重 [kN/m²]	荷重面積 長さl [m]	高さh [m]	面積A [m²]	小計 [kN]	階の重量 [kN]	各階の合計 (階の柱軸方向力) [kN]
①通りのA柱 ①Ⓐ 隅柱	平家柱 $h=2.8$m ₁C①Ⓐ柱	屋根 外壁	0.7 0.45	0.75m×1.05m (0.45m+0.45m)×2.8m +0.45m×0.6m		=0.787m² =2.79m²	0.55 1.255	1.805	1.805
①Ⓑ	平家柱 $h=2.8$m ₁C①Ⓑ柱	屋根 外壁	0.7 0.45	1.35m×1.5m 1.35m×2.8m+1.35m×0.6m		=2.025m² =4.59m²	1.417 2.065	3.482	3.482
①Ⓓ	平家柱 $h=2.8$m ₁C①Ⓓ柱	屋根 外壁 間仕切壁	0.7 0.45 0.35	1.35m×1.5m 1.35m×2.8m+1.35m×0.6m 0.9m×2.8m		=2.025m² =4.59m² =2.52m²	1.417 2.065 0.882	4.364	4.364
①Ⓔ	平家柱 $h=2.8$m ₁C①Ⓔ柱	屋根 外壁	0.7 0.45	0.9m×1.5m 0.9m×2.8m+0.9m×0.6m		=1.35m² =3.06m²	0.945 1.377	2.322	2.322
①Ⓕ	平家柱 $h=2.8$m ₁C①Ⓕ柱	屋根 外壁	0.7 0.45	0.75m×1.5m (0.45m+0.9m)×2.8m +0.45m×0.6m		=1.125m² =4.05m²	0.787 1.822	2.609	2.609
②Ⓐ	平家柱 $h=2.8$m ₁C②Ⓐ柱	屋根 外壁	0.7 0.45	0.75m×0.9m 0.9m×2.8m		=0.675m² =2.52m²	0.472 1.134	1.606	1.606

― 11 ―

符号	階	項目	単位荷重 [kN/m²]	荷重面積 長さl [m]	高さh [m]	面積A [m²]	小計 [kN]	階の重量 [kN]	各階の合計 (階の柱軸方向力) [kN]
③Ⓐ	2階柱 h=2.7m ₂C③Ⓐ柱	屋根 外壁	0.7 0.45	0.75m×1.05m (0.45m+0.45m)×2.7m +0.45m×0.6m		=0.787m² =2.7m²	0.55 1.215	1.765	1.765
	1階柱 h=2.8m ₁C③Ⓐ柱	屋根 2階床 外壁	0.7 1.96 [1.26] 0.45	0.75m×0.45m+0.9m×0.9m 1.35m×0.45m 0.9m×2.8m ₂C③Ⓑ柱より 4.563 kN		=1.147m² =0.607m² =2.52m²	0.802 1.189 [0.764] 1.134 4.563	7.688 [7.263]	9.453 [9.028]
③Ⓑ	2階柱 h=2.7m ₂C③Ⓑ柱	屋根 外壁	0.7 0.45	1.8m×1.5m 1.8m×2.7m+1.8m×0.6m		=2.7m² =5.94m²	1.89 2.673	4.563	4.563
③Ⓓ	1階柱 h=2.8m ₁C③Ⓓ柱	屋根 2階床 間仕切壁	0.7 1.96 [1.26] 0.35	1.8m×0.9m 1.8m×0.45m 1.35m×2.8m		=1.62m² =0.81m² =3.78m²	1.134 1.587 [1.02] 1.323	4.044 [3.477]	4.044 [3.477]
③Ⓔ	2階柱 h=2.7m ₂C③Ⓔ柱	屋根 外壁 間仕切壁	0.7 0.45 0.35	1.8m×1.05m 1.8m×2.7m+1.8m×0.6m 0.45m×2.7m		=1.89m² =5.94m² =1.215m²	1.323 2.673 0.425	4.421	4.421
	1階柱 h=2.8m ₁C③Ⓔ柱	屋根 2階床 間仕切壁	0.7 1.96 [1.26] 0.35	0.9m×0.9m 0.9m×0.45m 0.45m×2.8m		=0.81m² =0.405m² =1.26m²	0.567 0.793 [0.51] 0.441	1.801 [1.518]	6.222 [5.939]

符号	階	項目	単位荷重 [kN/m²]	荷重面積 長さ l [m]	荷重面積 高さ h [m]	荷重面積 面積 A [m²]	小計 [kN]	階の重量 [kN]	各階の合計 (階の柱軸方向力) [kN]
③Ⓕ	2階柱 h=2.7m ₂C③Ⓕ柱	屋根	0.7	0.75m×1.05m		=0.787m²	0.55	1.765	1.765
		外壁	0.45	(0.45m+0.45m)×2.7m +0.45m×0.6m		=2.7m²	1.215		
	1階柱 h=2.8m ₁C③Ⓕ柱	屋根	0.7	0.75m×0.9m		=0.675m²	0.472	3.009 [2.868]	4.774 [4.633]
		2階床	1.96 [1.26]	0.45m×0.45m		=0.202m²	0.395 [0.254]		
		外壁	0.45	1.35m×2.8m		=3.78m²	1.701		
		間仕切壁	0.35	0.45m×2.8m		=1.26m²	0.441		
④Ⓐ	2階柱 h=2.7m ₂C④Ⓐ柱	屋根	0.7	0.75m×0.9m		=0.675m²	0.472	1.565	1.565
		外壁	0.45	0.9m×2.7m		=2.43m²	1.093		
	1階柱 h=2.8m ₁C④Ⓐ柱	2階床	1.96 [1.26]	1.35m×0.9m		=1.215m²	2.381 [1.53]	3.515 [2.664]	5.08 [4.229]
		外壁	0.45	0.9m×2.8m		=2.52m²	1.134		
④Ⓓ	1階柱 h=2.8m ₁C④Ⓓ柱	2階床	1.96 [1.26]	1.8m×0.9m		=1.62m²	3.175 [2.041]	4.057 [2.923]	4.057 [2.923]
		間仕切壁	0.35	0.9m×2.8m		=2.52m²	0.882		
④Ⓔ	2階柱 h=2.7m ₂C④Ⓔ柱	屋根	0.7	1.8m×0.9m		=1.62m²	1.134	1.984	1.984
		間仕切壁	0.35	0.9m×2.7m		=2.43m²	0.85		
	1階柱 h=2.8m ₁C④Ⓔ柱	2階床	1.96 [1.26]	0.9m×0.9m		=0.81m²	1.587 [1.02]	2.028 [1.461]	4.012 [3.445]
		間仕切壁	0.35	0.45m×2.8m		=1.26m²	0.441		

符号	階	項目	単位荷重 [kN/m²]	荷重面積 長さ l [m]	高さ h [m]	面積 A [m²]	小計 [kN]	階の重量 [kN]	各階の合計 (階の柱軸方向) [kN]
④Ⓕ	2階柱 h=2.7m ₂C④Ⓕ柱	屋根	0.7	0.75m×0.9m		=0.675m²	0.472	1.565	1.565
		外壁	0.45	0.9m×2.7m		=2.43m²	1.093		
	1階柱 h=2.8m ₁C④Ⓕ柱	2階床	1.96 [1.26]	0.45m×0.9m		=0.405m²	0.793 [0.51]	1.927 [1.644]	3.492 [3.209]
		外壁	0.45	0.9m×2.8m		=2.52m²	1.134		
⑤Ⓐ	2階柱 h=2.7m ₂C⑤Ⓐ柱	屋根	0.7	0.75m×0.9m		=0.675m²	0.472	1.99	1.99
		外壁	0.45	0.9m×2.7m		=2.43m²	1.093		
		間仕切壁	0.35	0.45m×2.7m		=1.215m²	0.425		
	1階柱 h=2.8m ₁C⑤Ⓐ柱	2階床	1.96 [1.26]	1.35m×0.9m		=1.215m²	2.381 [1.53]	7.058 [6.207]	9.048 [8.197]
		外壁	0.45	0.9m×2.8m		=2.52m²	1.134		
		₂C⑤Ⓑ柱より 3.543 kN					3.543		
⑤Ⓑ	2階柱 h=2.7m ₂C⑤Ⓑ柱	屋根	0.7	1.8m×1.8m		=3.24m²	2.268	3.543	3.543
		間仕切壁	0.35	(0.45m+0.9m)×2.7m		=3.645m²	1.275		
⑤Ⓓ	1階柱 h=2.8m ₁C⑤Ⓓ柱	2階床	1.96 [1.26]	1.8m×0.9m		=1.62m²	3.175 [2.041]	4.057 [2.923]	4.057 [2.923]
		間仕切壁	0.35	0.9m×2.8m		=2.52m²	0.882		
⑤Ⓔ	2階柱 h=2.7m ₂C⑤Ⓔ柱	屋根	0.7	1.8m×1.35m		=2.43m²	1.701	2.976	2.976
		間仕切壁	0.35	1.35m×2.7m		=3.645m²	1.275		
	1階柱 h=2.8m ₁C⑤Ⓔ柱	2階床	1.96 [1.26]	0.9m×0.9m		=0.81m²	1.587 [1.02]	2.91 [2.343]	5.886 [5.319]
		間仕切壁	0.35	(0.45m+0.9m)×2.8m		=3.78m²	1.323		

符号	階	項目	単位荷重 [kN/m²]	荷重面積 長さl [m]	高さh [m]	面積A [m²]	小計 [kN]	階の重量 [kN]	各階の合計 (階の柱軸方向力) [kN]
⑤Ⓕ	2階柱 h=2.7m ₂C⑤Ⓕ柱	屋根	0.7	0.75m×0.9m		=0.675m²	0.472	1.565	1.565
		外壁	0.45	0.9m×2.7m		=2.43m²	1.093		
	1階柱 h=2.8m ₁C⑤Ⓕ柱	2階床	1.96 [1.26]	0.45m×0.9m		=0.405m²	0.793 [0.51]		
		外壁	0.45	0.9m×2.8m		=2.52m²	1.134		
		間仕切壁	0.35	0.45m×2.8m		=1.26m²	0.441	2.368 [2.085]	3.933 [3.65]
⑥Ⓐ	2階柱 h=2.7m ₂C⑥Ⓐ柱	屋根	0.7	0.75m×0.9m		=0.675m²	0.472	1.565	1.565
		外壁	0.45	0.9m×2.7m		=2.43m²	1.093		
	1階柱 h=2.8m ₁C⑥Ⓐ柱	2階床	1.96 [1.26]	0.45m×0.9m		=0.405m²	0.793 [0.51]		
		外壁	0.45	0.9m×2.8m		=2.52m²	1.134		
		間仕切壁	0.35	0.45m×2.8m		=1.26m²	0.441	2.368 [2.085]	3.933 [3.65]
⑥Ⓑ ⑥Ⓒ	1階柱 h=2.8m ₁C⑥Ⓑ柱 ₁C⑥Ⓒ柱	2階床	1.96 [1.26]	0.9m×0.9m		=0.81m²	1.587 [1.02]		
		間仕切壁	0.35	0.9m×2.8m		=2.52m²	0.882	2.469 [1.902]	2.469 [1.902]
⑥Ⓓ	1階柱 h=2.8m ₁C⑥Ⓓ柱	2階床	1.96 [1.26]	0.9m×0.9m		=0.81m²	1.587 [1.02]		
		間仕切壁	0.35	(0.45m+0.9m)×2.8m		=3.78m²	1.323	2.91 [2.343]	2.91 [2.343]
⑥Ⓔ	1階柱 h=2.8m ₁C⑥Ⓔ柱	2階床	1.96 [1.26]	0.9m×0.9m		=0.81m²	1.587 [1.02]		
		間仕切壁	0.35	0.9m×2.8m		=2.52m²	0.882	2.469 [1.902]	2.469 [1.902]

符号	階	項目	単位荷重 [kN/m²]	荷重面積 長さl [m]	高さh [m]	面積A [m²]	小計 [kN]	階の重量 [kN]	各階の合計 (階の柱軸方向力) [kN]
⑥Ⓕ	2階柱 h=2.7m ₂C⑥Ⓕ柱	屋根 外壁	0.7 0.45	0.75m×0.9m 0.9m×2.7m		=0.675m² =2.43m²	0.472 1.093	1.565	1.565
	1階柱 h=2.8m ₁C⑥Ⓕ柱	2階床 外壁	1.96 [1.26] 0.45	0.45m×0.9m 0.9m×2.8m		=0.405m² =2.52m²	0.793 [0.51] 1.134	1.927 [1.644]	3.492 [3.209]
⑦Ⓐ	2階柱 h=2.7m ₂C⑦Ⓐ柱	屋根 外壁 間仕切壁	0.7 0.45 0.35	0.75m×0.9m 0.9m×2.7m 0.45m×2.7m		=0.675m² =2.43m² =1.215m²	0.472 1.093 0.425	1.99	1.99
	1階柱 h=2.8m ₁C⑦Ⓐ柱	2階床 外壁	1.96 [1.26] 0.45	1.35m×1.35m 1.35m×2.8m ₂C⑦Ⓑ柱より 2.551kN ₂C⑧Ⓐ柱より 3.974kN×$\frac{1}{2}$		=1.822m² =3.78m²	3.571 [2.295] 1.701 2.551 1.987	9.81 [8.534]	11.8 [10.524]
⑦Ⓑ	2階柱 h=2.7m ₂C⑦Ⓑ柱	屋根 間仕切壁	0.7 0.35	0.9m×1.35m (0.9m+0.9m)×2.7m		=1.215m² =4.86m²	0.85 1.701	2.551	2.551
⑦Ⓒ	2階柱 h=2.7m ₂C⑦Ⓒ柱	屋根 間仕切壁	0.7 0.35	0.9m×1.35m 0.9m×2.7m		=1.215m² =2.43m²	0.85 0.85	1.7	1.7

— 16 —

符号	階	項目	単位荷重 [kN/m²]	荷重面積 長さ l [m]	荷重面積 高さ h [m]	荷重面積 面積 A [m²]	小計 [kN]	階の重量 [kN]	各階の合計 (階の柱軸方向力) [kN]
⑦Ⓓ	2階柱 h=2.7m $_2$C⑦Ⓓ柱	屋根 間仕切壁	0.7 0.35	0.9m×1.35m (0.9m+0.45m)×2.7m		=1.215m² =3.645m²	0.85 1.275	2.125	2.125
	1階柱 h=2.8m $_1$C⑦Ⓓ柱	2階床 間仕切壁	1.96 [1.26] 0.35	1.8m×0.9m (0.45m+0.9m)×2.8m $_2$C⑦Ⓓ柱より 1.7kN		=1.62m² =3.78m²	3.175 [2.041] 1.323 1.7	6.198 [5.064]	8.323 [7.189]
⑦Ⓔ	2階柱 h=2.7m $_2$C⑦Ⓔ柱	屋根 間仕切壁	0.7 0.35	0.9m×1.35m (0.45m+0.9m)×2.7m		=1.215m² =3.645m²	0.85 1.275	2.125	2.125
	1階柱 h=2.8m $_1$C⑦Ⓔ柱	2階床 間仕切壁	1.96 [1.26] 0.35	0.9m×0.9m (0.9m+0.45m)×2.8m		=0.81m² =3.78m²	1.587 [1.02] 1.323	2.91 [2.343]	5.035 [4.468]
⑦Ⓕ	2階柱 h=2.7m $_2$C⑦Ⓕ柱	屋根 外壁	0.7 0.45	0.75m×0.9m 0.9m×2.7m		=0.675m² =2.43m²	0.472 1.093	1.565	1.565
	1階柱 h=2.8m $_1$C⑦Ⓕ柱	2階床 外壁 間仕切壁	1.96 [1.26] 0.45 0.35	0.45m×0.9m 0.9m×2.8m 0.45m×2.8m		=0.405m² =2.52m² =1.26m²	0.793 [0.51] 1.134 0.441	2.368 [2.085]	3.933 [3.65]
⑧Ⓐ	2階柱 h=2.7m $_2$C⑧Ⓐ柱	屋根 外壁 間仕切壁	0.7 0.45 0.35	0.75m×0.9m+0.9m×1.8m 0.9m×2.7m 1.35m×2.7m		=2.295m² =2.43m² =3.645m²	1.606 1.093 1.275	3.974	3.974

符号	階	項目	単位荷重 [kN/m²]	荷重面積 長さ l [m] 高さ h [m] 面積 A [m²]	小計 [kN]	階の重量 [kN]	各階の合計 (階の柱軸方向力) [kN]
⑧Ⓓ	2階柱 $h=2.7$m $_2C_{⑧Ⓓ}$柱	屋根 間仕切壁	0.7 0.35	1.8m×1.8m =3.24m² (1.8m+0.45m)×2.7m =6.075m²	2.268 2.126	4.394	4.394
	1階柱 $h=2.8$m $_1C_{⑧Ⓓ}$柱	2階床 間仕切壁	1.96 [1.26] 0.35	0.45m×0.45m+1.8m×0.9m =1.822 m² 0.9m×2.8m =2.52m² $_2C_{⑧Ⓔ}$柱より 1.984 kN×$\frac{1}{2}$	3.571 [2.295] 0.882 0.992	5.445 [4.169]	9.839 [8.563]
⑧Ⓔ	2階柱 $h=2.7$m $_2C_{⑧Ⓔ}$柱	屋根 間仕切壁	0.7 0.35	0.9m×1.8m =1.62m² 0.9m×2.7m =2.43m²	1.134 0.85	1.984	1.984
⑧Ⓕ	2階柱 $h=2.7$m $_2C_{⑧Ⓕ}$柱	屋根 外壁 間仕切壁	0.7 0.45 0.35	0.75m×0.9m =0.675m² 0.9m×2.7m =2.43m² 0.45m×2.7m =1.215m²	0.472 1.093 0.425	1.99	1.99
	1階柱 $h=2.8$m $_1C_{⑧Ⓕ}$柱	2階床 外壁	1.96 [1.26] 0.45	0.9m×0.9m =0.81m² 0.9m×2.8m =2.52m² $_2C_{⑧Ⓔ}$柱より 1.984kN×$\frac{1}{2}$	1.587 [1.02] 1.134 0.992	3.713 [3.146]	5.703 [5.136]
⑨Ⓐ	2階柱 $h=2.7$m $_2C_{⑨Ⓐ}$柱	屋根 外壁	0.7 0.45	0.75m×0.9m =0.675m² 0.9m×2.7m =2.43m²	0.472 1.093	1.565	1.565
	1階柱 $h=2.8$m $_1C_{⑨Ⓐ}$柱	2階床 外壁 間仕切壁	1.96 [1.26] 0.45 0.35	0.45m×1.8m =0.81m² 1.8m×2.8m =5.04m² 0.45m×2.8m =1.26m² $_2C_{⑧Ⓐ}$柱より 3.974kN×$\frac{1}{2}$ $_2C_{⑩Ⓐ}$柱より 1.565kN×$\frac{1}{2}$	1.587 [1.02] 2.268 0.441 1.987 0.782	7.065 [6.498]	8.63 [8.063]

符号	階	項目	単位荷重 [kN/m²]	荷重面積 長さl [m]	高さh [m]	面積A [m²]	小計 [kN]	階の重量 [kN]	各階の合計 (階の柱軸方向力) [kN]
⑨Ⓑ	1階柱 $h=2.8$m $_1C_{⑨Ⓑ}$柱	2階床	1.96 [1.26]	1.35m×1.8m		=2.43m²	4.762 [3.061]	6.085 [4.384]	6.085 [4.384]
		間仕切壁	0.35	1.35m×2.8m		=3.78m²	1.323		
⑨Ⓓ	1階柱 $h=2.8$m $_1C_{⑨Ⓓ}$柱	2階床	1.96 [1.26]	1.35m×1.35m		=1.822m²	3.571 [2.295]	5.335 [4.059]	5.335 [4.059]
		間仕切壁	0.35	(0.45m+1.35m)×2.8m		=5.04m²	1.764		
⑨Ⓔ	1階柱 $h=2.8$m $_1C_{⑨Ⓔ}$柱	2階床	1.96 [1.26]	0.9m×1.35m		=1.215m²	2.381 [1.53]	3.263 [2.412]	3.263 [2.412]
		間仕切壁	0.35	0.9m×2.8m		=2.52m²	0.882		
⑨Ⓕ	2階柱 $h=2.7$m $_2C_{⑨Ⓕ}$柱	屋根	0.7	0.75m×0.9m		=0.675m²	0.472	1.565	1.565
		外壁	0.45	0.9m×2.7m		=2.43m²	1.093		
	1階柱 $h=2.8$m $_1C_{⑨Ⓕ}$柱	2階床	1.96 [1.26]	0.45m×1.35m		=0.607m²	1.189 [0.764]	4.113 [3.688]	5.678 [5.253]
		外壁	0.45	1.35m×2.8m		=3.78m²	1.701		
		間仕切壁	0.35	0.45m×2.8m		=1.26m²	0.441		
				$_2C_{⑨Ⓕ}$柱より 1.565kN×$\frac{1}{2}$			0.782		
⑩Ⓐ	2階柱 $h=2.7$m $_2C_{⑩Ⓐ}$柱	屋根	0.7	0.75m×0.9m		=0.675m²	0.472	1.565	1.565
		外壁	0.45	0.9m×2.7m		=2.43m²	1.093		
⑩Ⓕ	2階柱 $h=2.7$m $_2C_{⑩Ⓕ}$柱	屋根	0.7	0.75m×0.9m		=0.675m²	0.472	1.565	1.565
		外壁	0.45	0.9m×2.7m		=2.43m²	1.093		

符号	階	項目	単位荷重 [kN/m²]	荷重面積 長さl [m]	高さh [m]	面積A [m²]	小計 [kN]	階の重量 [kN]	各階の合計 (階の柱軸方向力) [kN]
⑪Ⓐ	2階柱 h=2.7m ₂C⑪Ⓐ柱	屋根 外壁	0.7 0.45	0.75m×1.05m (0.45m+0.45m)×2.7m +0.45m×0.6m		=0.787m² =2.7m²	0.55 1.215	1.765	1.765
	1階柱 h=2.8m ₁C⑪Ⓐ柱	2階床 外壁	1.96 [1.26] 0.45	0.45m×0.9m (0.45m+0.9m)×2.8m ₂C⑪Ⓐ柱より 1.565kN×½		=0.405m² =3.78m²	0.793 [0.51] 1.701 0.782	3.276 [2.993]	5.041 [4.758]
⑪Ⓑ ⑪Ⓔ	2階柱 h=2.7m ₂C⑪Ⓑ柱 ₂C⑪Ⓔ柱	屋根 外壁	0.7 0.45	1.8m×1.95m 1.8m×2.7m+1.8m×0.6m		=3.51m² =5.94m²	2.457 2.673	5.13	5.13
	1階柱 h=2.8m ₁C⑪Ⓑ柱 ₁C⑪Ⓔ柱	2階床 外壁	1.96 [1.26] 0.45	0.9m×0.9m 0.9m×2.8m		=0.81m² =2.52m²	1.587 [1.02] 1.134	2.721 [2.154]	7.851 [7.284]
⑪Ⓒ	1階柱 h=2.8m ₁C⑪Ⓒ柱	2階床 間仕切壁	1.96 [1.26] 0.45	0.9m×0.9m 0.9m×2.8m		=0.81m² =2.52m²	1.587 [1.02] 1.134	2.721 [2.154]	2.721 [2.154]
⑪Ⓓ	1階柱 h=2.8m ₁C⑪Ⓓ柱	2階床 外壁 間仕切壁	1.96 [1.26] 0.45 0.35	0.9m×0.9m 0.9m×2.8m 0.9m×2.8m		=0.81m² =2.52m² =2.52m²	1.587 [1.02] 1.134 0.882	3.603 [3.036]	3.603 [3.036]

符号	階	項目	単位荷重 [kN/m²]	荷重面積 長さl [m]	高さh [m]	面積A [m²]	小計 [kN]	階の重量 [kN]	各階の合計 (階の柱軸方向力) [kN]
⑪Ⓕ	2階柱 h=2.7m $_2$C⑪Ⓕ柱	屋根	0.7	0.75m×1.05m		=0.787m²	0.55		
		外壁	0.45	(0.45m+0.45m)×2.7m +0.45m×0.6m		=2.7m²	1.215	1.765	1.765
	1階柱 h=2.8m $_1$C⑪Ⓕ柱	2階床	1.96 [1.26]	0.45m×0.9m		=0.405m²	0.793 [0.51]		
		外壁	0.45	(0.45m+0.9m)×2.8m		=3.78m²	1.701		
				$_2$C⑪Ⓕ柱より 1.565kN×$\frac{1}{2}$			0.782	3.276 [2.993]	5.041 [4.758]

500 部材の設計

510 柱の設計

【a】令43条による柱の小径

　柱の断面（柱の小径）については，令43条［柱の小径］に規定されている．表5・1は，令43条に示された基準を「住宅の柱の小径と柱長さ」としてまとめたものである．

表5・1　住宅の柱の小径と柱長さ

建築物の構造	（総2階建）	（平屋建）	備考
屋根を金属板，石板，木板等の軽い材料でふいたもの	$b \geq \dfrac{l_k}{33}$　$l_k \leq 3300$　(100)	$b \geq \dfrac{l_k}{30}$　$l_k \leq 3000$　(100)	b：柱の小径[mm] l_k：柱の座屈長さ[mm] （横架材間の距離） 横架材：桁，胴差，梁 横架材：土台，足固め
日本瓦葺等	$b \geq \dfrac{l_k}{30}$　$l_k \leq 3000$　(100)	$b \geq \dfrac{l_k}{28}$　$l_k \leq 2800$　(100) $l_k \leq 2940$　(105)	

・2階建の隅柱等（準ずる柱）は通柱あるいは接合部補強．
・住宅金融公庫『木造住宅工事共通仕様書』においては，通柱120 mm×120 mmを標準とする．
・有効細長比　$\lambda \leq 150$
　　　　　　　$\lambda = \dfrac{l_k}{i}$　l_k：柱の座屈長さ　i：柱の断面2次半径

（令43条より抜粋）

【b】断面算定式

　柱軸方向力のみが作用する内柱と，風圧力による曲げモーメントと柱軸方向力が作用する外柱とは，断面の設計方法が異なる．

1　内柱の断面算定

$$\frac{N}{A} \cdot \frac{1}{\eta \cdot f_c} \leq 1$$

　　　N：柱軸方向力（圧縮力）[N]
　　　A：柱断面積 [mm²]

η ：座屈低減係数（表 5・2）…柱の有効細長比に応じて決まる係数

$$\lambda = \frac{l_k}{i} \xrightarrow{\text{表 5・2}} \eta$$

λ ：有効細長比

l_k ：柱の座屈長さ［mm］

i ：断面 2 次半径［mm］

f_c ：許容圧縮応力度［N/mm²］

柱軸方向力 N には長期柱軸方向力 N_L と短期柱軸方向力 N_S（$N_S = N_L + N_H$，N_H は水平荷重（地震力，風圧力）により耐力壁の柱に生じる軸方向力）とがあるが，内柱に生じる N_H は相対的に小さいので，内柱は一般的に長期 N_L にて設計を行う．

2 外柱の断面算定

建物外周部の外柱には風圧力が直接作用するため，風圧力によって柱に生じる曲げモーメントも考慮に入れて柱を設計しなければならない．相対的に短期柱軸方向力 N_S にて検討することになる．

$$\left(\frac{N}{A} \cdot \frac{1}{\eta \cdot f_c}\right) + \left(\frac{M}{Z} \cdot \frac{1}{f_b}\right) \leq 1$$

N ：柱軸方向力（圧縮力）［N］

M ：風圧力による曲げモーメント［N・mm］

$$M = \frac{W \cdot l}{8}$$

W ：風圧力［N］

l ：柱の長さ（l_k）［mm］

A ：柱断面積［mm²］

Z ：有効断面係数［mm³］

表 5・2　座屈低減係数 η

λ	0	1	2	3	4	5	6	7	8	9
30	1.00	0.99	0.98	0.97	0.96	0.95	0.94	0.93	0.92	0.91
40	0.90	0.89	0.88	0.87	0.86	0.85	0.84	0.83	0.82	0.81
50	0.80	0.79	0.78	0.77	0.76	0.75	0.74	0.73	0.72	0.71
60	0.70	0.69	0.68	0.67	0.66	0.65	0.64	0.63	0.62	0.61
70	0.60	0.59	0.58	0.57	0.56	0.55	0.54	0.53	0.52	0.51
80	0.50	0.49	0.48	0.47	0.46	0.45	0.44	0.43	0.42	0.41
90	0.40	0.39	0.38	0.37	0.36	0.35	0.34	0.33	0.32	0.31
100	0.30	0.29	0.29	0.28	0.28	0.27	0.27	0.26	0.26	0.25
110	0.25	0.24	0.24	0.23	0.23	0.23	0.22	0.22	0.22	0.21
120	0.21	0.20	0.20	0.20	0.20	0.19	0.19	0.19	0.18	0.18
130	0.18	0.17	0.17	0.17	0.17	0.16	0.16	0.16	0.16	0.16
140	0.15	0.15	0.15	0.15	0.14	0.14	0.14	0.14	0.14	0.14
150	0.13									

許容座屈応力度　　$f_k = \eta \cdot f_c$

$\lambda \leq 30$　　　　$f_k = f_c$

$30 < \lambda \leq 100$　　$f_k = f_c(1.3 - 0.01\lambda)$

$100 > \lambda$　　　$f_k = \dfrac{0.3}{\left(\frac{\lambda}{100}\right)^2} f_c = \dfrac{3000}{\lambda^2} f_c$

η ：座屈低減係数（表 5·2）

f_c ：許容圧縮応力度 [N/mm²]

f_b ：許容曲げ応力度 [N/mm²]

構造計算書演習例 p. 22

● 510 解説 —— 柱の設計の順序とポイント

511 内柱と 512 外柱のそれぞれについて検討を行う．

まず，設計断面を仮定し，付 6 よりその断面に対する断面積 A，断面 2 次半径 i，断面係数 Z を記入する．柱には 105 mm 角のものを採用するのが一般的である．

柱断面　105 mm × 105 mm を仮定

付 6 より　断面積　A = 11025 mm²

　　　　　断面 2 次半径　i = 30.3 mm

　　　　　断面係数　Z = 193 × 10³ mm³

続いて，使用する木材の樹種，設計に必要となる許容応力度（圧縮および曲げ）を 131 より転記する．

使用樹種　ひのき（無等級材）

131 より　許容圧縮応力度　長期 $_Lf_c$ = 7.59 N/mm²　短期 $_Sf_c$ = 13.8 N/mm²

　　　　　許容曲げ応力度　長期 $_Lf_b$ = 9.79 N/mm²　短期 $_Sf_b$ = 17.8 N/mm²

511　柱軸方向力の大きい内柱

すべての柱を同じ断面（105 mm × 105 mm）にて設計するとして，柱軸方向力が最大となる柱について検討を行う．算定には，柱・基礎設計用の柱軸方向力 N を用いる．許容応力度は長期の値にて検討する．

400 より　柱軸方向力が最大となる内柱 $_1C_{⑧Ⓓ}$ 柱について検討

　　柱軸方向力　N = 9.839 kN = 9839 N

　　階高（1 階）　h = 2.8 m = 2800 mm

　　座屈長さ　l_k = 2800 mm

有効細長比 λ を計算し，表 5·2 より座屈低減係数 η を求める．

$$\lambda = \frac{l_k}{i} = \frac{2800\ \text{mm}}{30.3\ \text{mm}} = 92 \quad \text{表 5·2 より} \quad \eta = 0.38$$

柱断面算定式により検討する．

$$\frac{N}{A} \cdot \frac{1}{\eta \cdot {_Lf_c}} = \frac{9839\ \text{N}}{11025\ \text{mm}^2} \times \frac{1}{0.38 \times 7.59\ \text{N/mm}^2} = 0.309 < 1 \rightarrow \text{OK}$$

512　風圧力を受ける外柱

外柱は風圧力を受けるので，その荷重を加算して設計する．許容応力度は短期の値にて検討を行う．

400 より　柱軸方向力が最大となる外柱 $_1C_{⑦Ⓐ}$ 柱について検討

柱軸方向力　　N = 11.8 kN = 11800 N

階高（1階）　h = 2.8 m = 2800 mm

柱長さ　l = 2800 mm

座屈長さ　l_k = 2800 mm

有効細長比 λ = 92 より座屈低減係数 η = 0.38（表5・2）

風圧力 W の算定

$W = q \cdot C \cdot A' = 819$ N/m² $\times 0.715 \times 3.78$ m² $= 2213$ N

　　q : 速度圧　361　より　$q = 819$ N/m²

　　C : 風力係数　362　より　①張り間方向, 2階床の風上壁面の値を採用　$C = 0.715$

　　A': 作用面積　A' = 階高×作用幅 = 2.8 m × 1.35 m = 3.78 m²

柱に生じるモーメント　$M = \dfrac{W \cdot l}{8} = \dfrac{2213 \text{ N} \times 2800 \text{ mm}}{8} = 774 \times 10^3$ N·mm

柱断面算定式により検討する．

$$\left(\dfrac{N}{A} \cdot \dfrac{1}{\eta \cdot {_sf_c}}\right) + \left(\dfrac{M}{Z} \cdot \dfrac{1}{{_sf_b}}\right) = \dfrac{11800 \text{ N}}{11025 \text{ mm}^2 \times 0.38 \times 13.8 \text{ N/mm}^2} + \dfrac{774 \times 10^3 \text{ N·mm}}{193 \times 10^3 \text{ mm}^3 \times 17.8 \text{ N/mm}^2}$$

$$= 0.429 < 1 \rightarrow \text{OK}$$

520 梁の設計

　梁断面の決定は構造計算によるべきであるが，実際の採用断面は大工や棟梁の長年の実務経験から決められていて，大工は自分流の梁伏，断面を持っている．その断面は，構造計算で求められる断面より大きな断面となっている．その理由は，梁断面を小さくすると，床の振動，建具開閉時の振動等のクレームが出るからである．この項では，構造計算によって確かめた最小の経済的な断面を算出することにする．

【a】曲げ応力度の検討

$$\dfrac{M}{Z_e} \cdot \dfrac{1}{f_b} \leq 1$$

　　M : 曲げモーメント［N·mm］

　　f_b : 許容曲げ応力度［N/mm²］

　　Z_e : 有効断面係数［mm³］

　　　　切欠きのない場合　Z_e = 全断面係数 Z

　　　　圧縮側に切欠きのある場合（図5・1）　Z_e = 正味断面係数 Z_0

　　　　引張り側に切欠きのある場合（切欠きは材せいの1/3以下，図5・2）

　　　　　　切欠きがせいの1/4以下　$Z_e = 0.6 \times Z_0$

　　　　　　切欠きがせいの1/3以下　$Z_e = 0.45 \times Z_0$

500　部材の設計

510　柱の設計

設計条件

　柱断面　105 mm × 105 mm
　断面積　$A=$ 11025 mm²
　断面2次半径　$i=$ 30.3 mm
　断面係数　$Z=$ 193×10³ mm³
　樹種　ひのき（無等級材）
　許容応力度　$_Lf_c=$ 7.59 N/mm²　$_sf_c=$ 13.8 N/mm²
　　　　　　　$_Lf_b=$ 9.79 N/mm²　$_sf_b=$ 17.8 N/mm²

511　柱軸方向力の大きい内柱　$_1C_{⑧Ⓓ}$

柱軸方向力　$N=$ 9.839 kN = 9839 N
階高　$h=$ 2.8 m = 2800 mm
座屈長さ　$l_k=$ 2800 mm

有効細長比　$\lambda = \dfrac{l_k}{i} = \dfrac{2800 \text{ mm}}{30.3 \text{ mm}} =$ 92　より　座屈低減係数　$\eta=$ 0.38

柱断面算定式　$\dfrac{N}{A} \cdot \dfrac{1}{\eta \cdot {}_Lf_c} = \dfrac{9839 \text{ N}}{11025 \text{ mm}^2} \times \dfrac{1}{0.38 \times 7.59 \text{ N/mm}^2} =$ 0.309 < 1　OK

512　風圧力を受ける外柱　$_1C_{⑦Ⓐ}$

柱軸方向力　$N=$ 11.8 kN = 11800 N
階高　$h=$ 2.8 m = 2800 mm
柱長さ　$l=$ 2800 mm
座屈長さ　$l_k=$ 2800 mm

有効細長比　$\lambda = \dfrac{l_k}{i} = \dfrac{2800 \text{ mm}}{30.3 \text{ mm}} =$ 92　より　座屈低減係数　$\eta=$ 0.38

速度圧　$q=$ 819 N/m²　風力係数　$C=$ 0.715　作用面積　$A'=$ 2.8 m × 1.35 m = 3.78 m²

風圧力　$W = q \cdot C \cdot A' =$ 819 N/m² × 0.715 × 3.78 m² = 2213 N

柱に生じるモーメント　$M = \dfrac{W \cdot l}{8} = \dfrac{2213 \text{ N} \times 2800 \text{ mm}}{8} =$ 774×10³ N·mm

柱断面算定式

$\left(\dfrac{N}{A} \cdot \dfrac{1}{\eta \cdot {}_sf_c} \right) + \left(\dfrac{M}{Z} \cdot \dfrac{1}{{}_sf_b} \right) = \dfrac{11800 \text{ N}}{11025 \text{ mm}^2 \times 0.38 \times 13.8 \text{ N/mm}^2} + \dfrac{774 \times 10^3 \text{ N·mm}}{193 \times 10^3 \text{ mm}^3 \times 17.8 \text{ N/mm}^2}$

$\qquad =$ 0.429 < 1　OK

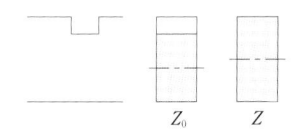

図5・1　圧縮側に切欠きのある場合 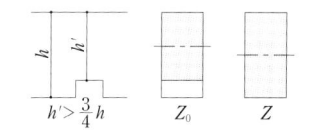　　　　　　　図5・2　引張り側に切欠きのある場合

【b】せん断応力度の検討

$$\frac{\alpha Q}{A_e} \cdot \frac{1}{f_s} \leq 1$$

　　α：断面形状で定まる値で，長方形の場合は 3/2 = 1.5
　　Q：せん断力 [N]
　　f_s：許容せん断応力度 [N/mm²]
　　　　支持点に切欠きがないものは1.5倍の値を採用することができる．
　　A_e：有効断面積 [mm²]
　　　　支持点付近の切欠きの有無に応じ，
　　　　　切欠きのない場合　　$A_e = $ 全断面積 A
　　　　　圧縮側に切欠きのある場合（図5・3）　　$A_e = $ 正味断面積 A_0
　　　　　引張り側に切欠きのある場合（図5・4）　　$A_e = A_0^{\,2}/A$
　　　　　　引張り側の切欠きはせいの1/3以下

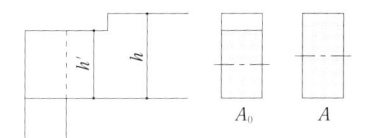

図5・3　圧縮側に切欠きのある場合 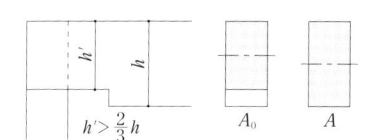　　　　　　　図5・4　引張り側に切欠きのある場合

【c】たわみの検討

たわみ計算用の荷重 W は，固定荷重＋積載荷重で，地震力算定用の積載荷重を採用してもよい．

1 梁せい条件式

木造の梁せい D は，梁の有効長さ l の1/12以上とされている（平12建告1459第1）．

$$D > \frac{l}{12} \quad \rightarrow \quad \frac{D}{l} > \frac{1}{12}$$

　　D：梁せい [mm]
　　l：梁の有効長さ [mm]

この条件式を満たさない梁は，たわみの検討が必要となる．

2 たわみ検討式

木造の梁のたわみについては，変形増大係数2を乗じた値 $2 \times \delta$ を梁の有効長さ l で除した値 $\dfrac{2 \times \delta}{l}$ が1/250以下と規定されている（平12建告1459第2）．

$$\frac{2\delta}{l} \leq \frac{1}{250} \rightarrow 2\delta \leq \frac{l}{250}$$

δ : 梁のたわみ [mm]

単位荷重 w [N/mm] を受ける単純梁の場合

$$\delta = \frac{5w \cdot l^4}{384E \cdot I} = \frac{5W \cdot l^3}{384E \cdot I}$$

W : 全荷重 [N] $W = w \cdot l$

E : ヤング係数 [N/mm²]

I : 断面2次モーメント [mm⁴]

l : 梁の有効長さ [mm]

構造計算書演習例 p. 23

● 520 解説 ── 梁の設計の順序とポイント

2階⑦通りの大梁 Ⓐ～Ⓓ（スパン l = 2.7 m）について検討する（図5・5）．

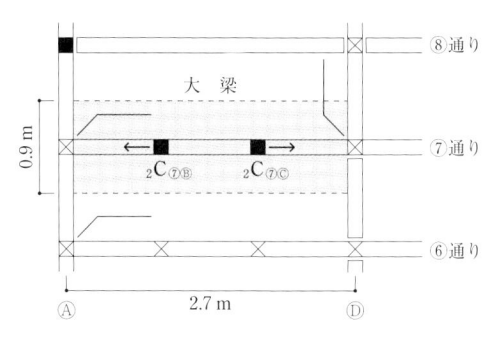

図5・5 大梁2階⑦通りⒶ～Ⓓ

1 設計条件

設計断面を仮定し，算定に必要となる断面積 A，断面係数 Z，断面2次モーメント I を付6より記入する．

梁断面　105 mm × 300 mm を仮定

付6より　断面積　A = 31500 mm²

　　　　　断面係数　Z = 1575 × 10³ mm³

　　　　　断面2次モーメント　I = 23625 × 10⁴ mm⁴

使用する木材の樹種，長期許容応力度（曲げおよびせん断），ヤング係数を 131 より転記する．

使用樹種　べいまつ（無等級材）

131 より　　長期許容曲げ応力度　$_Lf_b$ = 10.34 N/mm²

　　　　　　長期許容せん断応力度　$_Lf_s$ = 0.88 N/mm²

　　　　　　ヤング係数　E = 10 kN/mm² = 10 × 10³ N/mm²

2 設計荷重

大梁には，床荷重および $_2C_{⑦Ⓑ}$ 柱，$_2C_{⑦Ⓒ}$ 柱の柱軸方向力が作用している（図5・6）．

床荷重　　$W_1 = w \cdot A_1 = 1960 \text{ N/m}^2 \times 2.43 \text{ m}^2 = 4762 \text{ N}$

　　　　　w：床単位荷重　❸❷⓪ より　2階の梁・柱・基礎用 $w = 1960 \text{ N/m}^2$

　　　　　A_1：荷重負担面積　$A_1 = $ スパン $l \times$ 荷重負担幅 $= 2.7 \text{ m} \times 0.9 \text{ m} = 2.43 \text{ m}^2$

柱軸方向力　$W_2 = {_2N_{⑦Ⓑ}} + {_2N_{⑦Ⓒ}} = 2551 \text{ N} + 1700 \text{ N} = 4251 \text{ N}$

　　　　　${_2N_{⑦Ⓑ}}, {_2N_{⑦Ⓒ}}$：$_2C_{⑦Ⓑ}$ 柱，$_2C_{⑦Ⓒ}$ 柱の柱軸方向力

　　　　　❹⓪⓪ より　${_2N_{⑦Ⓑ}} = 2551 \text{ N}$，${_2N_{⑦Ⓒ}} = 1700 \text{ N}$

　反力算定　$R_{⑦Ⓐ} = \dfrac{2551 \text{ N} \times 1.8 \text{ m} + 1700 \text{ N} \times 0.9 \text{ m}}{2.7 \text{ m}} = 2267 \text{ N}$

　　　　　$R_{⑦Ⓓ} = W_2 - R_{⑦Ⓐ} = 4251 \text{ N} - 2267 \text{ N}$
　　　　　　　　$= 1984 \text{ N}$

3 曲げ応力度の検討

検討用の曲げモーメント M は，先に求めた W_1，W_2 による梁中央の曲げモーメントの和として求められる（図5・6）．

$$_床M = \dfrac{W_1 \cdot l}{8} = \dfrac{4762 \text{ N} \times 2700 \text{ mm}}{8}$$

　　　$= 1607 \times 10^3 \text{ N} \cdot \text{mm}$

$_柱M = R_{⑦Ⓐ} \times 1.35 \text{ m} - {_2N_{⑦Ⓑ}} \times 0.45 \text{ m}$

　　　$= 2267 \text{ N} \times 1350 \text{ mm} - 2551 \text{ N} \times 450 \text{ mm} = 1913 \times 10^3 \text{ N} \cdot \text{mm}$

　　$M = {_床M} + {_柱M} = 1607 \times 10^3 \text{ N} \cdot \text{mm} + 1913 \times 10^3 \text{ N} \cdot \text{mm} = 3520 \times 10^3 \text{ N} \cdot \text{mm}$

算定式により検討．

$$\dfrac{M}{Z} \cdot \dfrac{1}{_Lf_b} = \dfrac{3520 \times 10^3 \text{ N} \cdot \text{mm}}{1575 \times 10^3 \text{ mm}^3} \times \dfrac{1}{10.34 \text{ N/mm}^2} = 0.216 < 1 \rightarrow \text{OK}$$

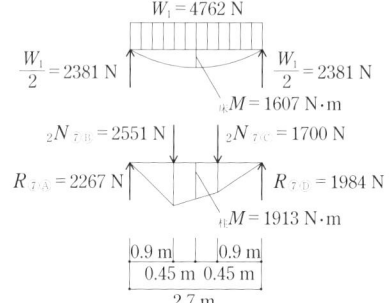

図5・6　設計荷重と曲げモーメント・反力

4 せん断応力度の検討

検討用のせん断力 Q を反力により求める（図5・6）．

$$Q = \dfrac{W_1}{2} + R_{⑦Ⓐ} = \dfrac{4762 \text{ N}}{2} + 2267 \text{ N} = 4648 \text{ N}$$

算定式により検討．

$$\dfrac{1.5Q}{A} \cdot \dfrac{1}{_Lf_s} = \dfrac{1.5 \times 4648 \text{ N}}{31500 \text{ mm}^2} \times \dfrac{1}{0.88 \text{ N/mm}^2} = 0.252 < 1 \rightarrow \text{OK}$$

5 たわみの検討

① 梁せいの確認

　梁せい　$D = 300 \text{ mm}$

　条件式　$\dfrac{D}{l} = \dfrac{300 \text{ mm}}{2700 \text{ mm}} = \dfrac{1}{9} > \dfrac{1}{12}$

条件式を満たしているので検討は不要であるが，演習例では検討しておく．

520　梁の設計

1 設計条件　大梁　2 階　⑦ 通り　Ⓐ ～ Ⓓ

スパン　$l =$ 2.7 m = 2700 mm

断面　105 mm × 300 mm　　断面積　$A =$ 31500 mm²

断面係数　$Z =$ 1575×10³ mm³　　断面2次モーメント　$I =$ 23625×10⁴ mm⁴

樹種　べいまつ（無等級材）

許容応力度　$_Lf_b =$ 10.34 N/mm²　$_Lf_s =$ 0.88 N/mm²　　ヤング係数　$E =$ 10×10³ N/mm²

2 設計荷重

床単位荷重　$w =$ 1960 N/m²　　荷重負担面積　$A_1 =$ 2.7 m × 0.9 m = 2.43 m²

床荷重　$W_1 = w \cdot A_1 =$ 1960 N/m² × 2.43 m² = 4762 N

柱軸方向力　$W_2 =$ $_2N_{⑦Ⓑ}$ + $_2N_{⑦Ⓒ}$ = 2551 N + 1700 N = 4251 N

反力算定　$R_{⑦Ⓐ} = \dfrac{2551\ N \times 1.8\ m + 1700\ N \times 0.9\ m}{2.7\ m} =$ 2267 N

$R_{⑦Ⓓ} =$ 4251 N － 2267 N = 1984 N

3 曲げ応力度の検討

$_床M = \dfrac{W_1 \cdot l}{8} = \dfrac{4762\ N \times 2700\ mm}{8} =$ 1607×10³ N·mm

$_柱M =$ 2267 N × 1350 mm － 2551 N × 450 mm = 1913×10³ N·mm

曲げモーメント　$_床M + _柱M =$ 1607×10³ N·mm + 1913×10³ N·mm = 3520×10³ N·mm

$\dfrac{M}{Z} \cdot \dfrac{1}{_Lf_b} = \dfrac{3520 \times 10^3\ N\cdot mm}{1575 \times 10^3\ mm^3} \times \dfrac{1}{10.34\ N/mm^2} =$ 0.216 < 1　OK

4 せん断応力度の検討

せん断力　$Q = \dfrac{W_1}{2} + R_{⑦Ⓐ} = \dfrac{4762\ N}{2} +$ 2267 N = 4648 N

$\dfrac{1.5Q}{A} \cdot \dfrac{1}{_Lf_s} = \dfrac{1.5 \times 4648\ N}{31500\ mm^2} \times \dfrac{1}{0.88\ N/mm^2} =$ 0.252 < 1　OK

5 たわみの検討

①梁せいの確認

$\dfrac{D}{l} = \dfrac{300\ mm}{2700\ mm} = \dfrac{1}{9} > \dfrac{1}{12}$　検討不要

②たわみの検討

たわみ検討用床単位荷重　$w_\delta =$ 1260 N/m²

たわみ検討用床荷重　$W_{\delta 1} = w_\delta \cdot A_1 =$ 1260 N/m² × 2.43 m² = 3061 N

たわみ検討用荷重　$W_\delta = W_{\delta 1} + W_2 =$ 3061 N + 4251 N = 7312 N

$2 \times \delta = 2 \times \dfrac{5\ W_\delta \cdot l^3}{384\ E \cdot I} = 2 \times \dfrac{5 \times 7312\ N \times 2700^3\ mm^3}{384 \times 10 \times 10^3\ N/mm^2 \times 23625 \times 10^4\ mm^4}$

= 1.586 mm < $\dfrac{l}{250} = \dfrac{2700\ mm}{250} =$ 10.8 mm　OK

②たわみの検討

まず，たわみ検討用の荷重 W_δ を求める．床単位荷重には地震力用を用いる．

床荷重　$W_{\delta 1} = w_\delta \cdot A_1 = 1260 \, \text{N/m}^2 \times 2.43 \, \text{m}^2 = 3061 \, \text{N}$

w_δ：たわみ検討用床単位荷重　㉛より　2階の地震力用 $w_\delta = 1260 \, \text{N/m}^2$

たわみ検討用の荷重 W_δ は，床荷重 $W_{\delta 1}$ と内壁荷重 W_2 の和として求められる．

たわみ検討用荷重　$W_\delta = W_{\delta 1} + W_2 = 3061 \, \text{N} + 4251 \, \text{N} = 7312 \, \text{N}$

検討式 $2 \times \delta < \dfrac{l}{250}$ を確認する．

$$2 \times \delta = 2 \times \frac{5W_\delta l^3}{384 E \cdot I} = 2 \times \frac{5 \times 7312 \, \text{N} \times 2700^3 \, \text{mm}^3}{384 \times 10 \times 10^3 \, \text{N/mm}^2 \times 23625 \times 10^4 \, \text{mm}^4} = 1.586 \, \text{mm}$$

$$\frac{l}{250} = \frac{2700 \, \text{mm}}{250} = 10.8 \, \text{mm}$$

$2 \times \delta < \dfrac{l}{250}$ となるので OK．

なお，通常は安全側である設計荷重 $W = W_1 + W_2 = 9013 \, \text{N}$ にてたわみの検討を行っている．

530 小屋組の設計

垂木，母屋の断面算定を行う．算定方法を図 5·7 に基づいて解説する．

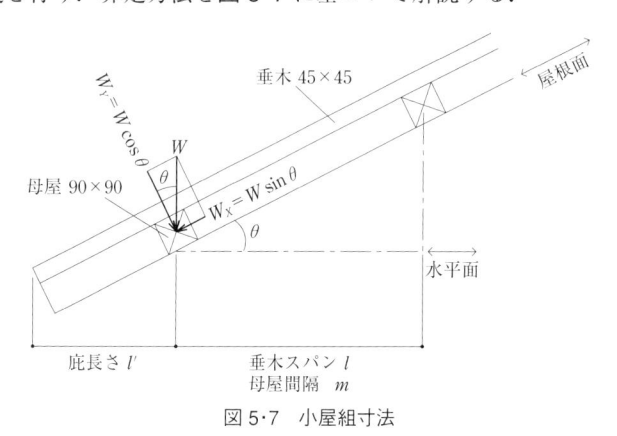

図 5·7　小屋組寸法

531 垂木の設計

【a】設計荷重

設計用の屋根荷重は，水平面あたりの荷重 w' を用いる．算定式は，屋根面あたりの荷重 w を $\cos\theta$（θ は屋根勾配角度）で除した $w' = w/\cos\theta$ である．

【b】曲げ応力度の検討

$$\frac{M}{Z} \cdot \frac{1}{f_b} \leq 1$$

M：曲げモーメント［N·mm］

庇部分とスパン部分の両方について算定し，大きい方の値にて検討する．

庇　　$M = \dfrac{w'' \cdot l'^2}{2}$

スパン　$M = \dfrac{w'' \cdot l^2}{8}$

w''：垂木負担荷重［N/mm］　　$w'' = w' \cdot m$

m：垂木間隔［m］

l'：庇長さ（水平面長さ）［mm］

l：垂木スパン（水平面長さ）［mm］

f_b：許容曲げ応力度［N/mm²］

Z：断面係数［mm³］

【c】せん断応力度の検討

$$\dfrac{1.5Q}{A} \cdot \dfrac{1}{f_s} \leq 1$$

Q：せん断力［N］

庇部分とスパン部分の両方について算定し，大きい方の値にて検討する．

庇　　$Q = w'' \cdot l'$

スパン　$Q = \dfrac{w'' \cdot l}{2}$

f_s：許容せん断応力度［N/mm²］

A：断面積［mm²］

532 母屋の設計

【a】設計荷重

設計荷重は，水平面あたりの屋根荷重 $w' = w/\cos\theta$ に母屋固定荷重（自重）w_1（スパン $l \leq 2$ m のとき 50 N/m²，$l \leq 4$ m のとき 100 N/m²）を加えた値を用いる．母屋のスパンを l，間隔（水平面長さ）を m とすると，母屋負担荷重（垂直荷重）は $W = (w' + w_1)\, l \cdot m$ となる．

この値を，母材断面の X，Y 方向の分力 W_X，W_Y に分ける．屋根の勾配角度を θ としたとき，分力は $W_X = W\sin\theta$，$W_Y = W\cos\theta$ で表され，W_X，W_Y の大きい方の値にて設計する．

【b】曲げ応力度の検討

$$\dfrac{M}{Z} \cdot \dfrac{1}{f_b} \leq 1$$

M：曲げモーメント［N·mm］

母屋負担荷重分力 W_X，W_Y のうち大きい方の値にて検討する．

$M_X = \dfrac{W_X \cdot l}{8}$，$M_Y = \dfrac{W_Y \cdot l}{8}$

W_X：母屋負担荷重の X 方向分力［N］　$W_X = W\sin\theta$

W_Y：母屋負担荷重の Y 方向分力［N］　$W_Y = W\cos\theta$

l ：母屋スパン［mm］

【c】せん断応力度の検討

$$\frac{1.5Q}{A} \cdot \frac{1}{f_s} \leq 1$$

Q ：せん断力［N］

母屋負担荷重分力 W_X，W_Y のうち大きい方の値にて検討する．

$$Q_X = \frac{W_X}{2}, \quad Q_Y = \frac{W_Y}{2}$$

f_s ：許容せん断応力度［N/mm²］

A ：断面積［mm²］

構造計算書演習例 p. 24

● 530 解説 ── 小屋組の設計の順序とポイント

小屋組の設計において，積雪のある地域では積雪荷重を考慮する必要がある．

演習例（建設地：京都市伏見区（表3・2，一般区域））の場合，京都市建築基準法施行細則により積雪量が定められており，小屋組は 340 にて算定した積雪荷重を加味した短期荷重にて設計することとなる（表5・3）．

ただし，演習例では長期および短期（積雪時）の2通りの設計手順を示すため，531 垂木の設計については短期（積雪時）にて，532 母屋の設計については長期にて検討を行う．

表5・3 小屋組設計方針

	長　期	短期（積雪時）	短期/長期
材料の許容応力度	$_Lf_b = \dfrac{1.1F_b}{3}$	$_Sf_b = \dfrac{2F_b}{3} \times 0.8$	$\dfrac{_Sf_b}{_Lf_b} = 1.818$
荷重の組合せ	340 より $G + (P) = 382 \text{ N/m}^2$	340 より $G + (P) + S = 907 \text{ N/m}^2$	$\dfrac{907 \text{ N/m}^2}{382 \text{ N/m}^2} = 2.374$
設計方針	1.818 < 2.374 であり，積雪荷重を考慮に入れた短期にて設計する必要がある．		

531　垂木の設計

短期（積雪時）にて設計する．

[1] 設計条件

垂木間隔　　$m = 0.45$ m

　　スパン　$l = 0.9$ m ＝ 900 mm

　　断面　　45 mm × 45 mm

庇長さ　　　$l' = 0.3$ m ＝ 300 mm

算定に必要となる断面積 A，断面係数 Z を付6より記入する．

付6より　断面積　$A = 2025 \text{ mm}^2$

　　　　　断面係数　$Z = 15 \times 10^3 \text{ mm}^3$

使用する木材の樹種，許容応力度（曲げおよびせん断）を 131 より転記する．積雪時の短

530 小屋組の設計

531 垂木の設計

1 設計条件　　短期(積雪時)にて設計

垂木間隔　$m =$ 0.45 m

スパン　$l =$ 0.9 m = 900 mm　　庇長さ　$l' =$ 0.3 m = 300 mm

断面　45 mm × 45 mm

断面積　$A =$ 2025 mm^2

断面係数　$Z =$ 15×10^3 mm^3

樹種　すぎ(無等級材)

許容応力度　$_L f_b =$ _____ N/mm^2　　$_s f_b =$ 11.84 N/mm^2

　　　　　　$_L f_s =$ _____ N/mm^2　　$_s f_s =$ 0.96 N/mm^2

2 設計荷重

設計荷重　$w' =$ 907 N/m^2

垂木負担荷重　$w'' = w' \cdot m =$ 907 N/m^2 × 0.45 m = 408 N/m = 0.408 N/mm

3 曲げ応力度の検討

曲げモーメント

庇　　$M = \dfrac{w'' \cdot l'^2}{2} = \dfrac{0.408 \text{ N/mm} \times 300^2 \text{ mm}^2}{2} =$ 18360 N·mm

スパン　$M = \dfrac{w'' \cdot l^2}{8} = \dfrac{0.408 \text{ N/mm} \times 900^2 \text{ mm}^2}{8} =$ 41310 N·mm

$\dfrac{M}{Z} \cdot \dfrac{1}{_s f_b} = \dfrac{41310 \text{ N·mm}}{15 \times 10^3 \text{ mm}^3} \times \dfrac{1}{11.84 \text{ N/mm}^2} =$ 0.232 < 1　OK

4 せん断応力度の検討

せん断力

庇　　$Q = w'' \cdot l' =$ 0.408 N/mm × 300 mm = 122.4 N

スパン　$Q = \dfrac{w'' \cdot l}{2} = \dfrac{0.408 \text{ N/mm} \times 900 \text{ mm}}{2} =$ 183.6 N

$\dfrac{1.5Q}{A} \cdot \dfrac{1}{_s f_s} = \dfrac{1.5 \times 183.6 \text{ N}}{2025 \text{ mm}^2} \times \dfrac{1}{0.96 \text{ N/mm}^2} =$ 0.141 < 1　OK

期許容応力度は 0.8 倍した値を用いる．

使用樹種　すぎ（無等級材）

1·3·1 より　短期許容曲げ応力度　$_sf_b = 14.8 \text{ N/mm}^2 \times 0.8 = 11.84 \text{ N/mm}^2$

短期許容せん断応力度　$_sf_s = 1.2 \text{ N/mm}^2 \times 0.8 = 0.96 \text{ N/mm}^2$

2 設計荷重

設計荷重　**3·4·0** より　短期積雪時の屋根荷重　$w' = 907 \text{ N/m}^2$

単位長さあたりの垂木負担荷重 w'' は，屋根荷重 w' に垂木間隔 m を乗じて求められる．

$$w'' = w' \cdot m = 907 \text{ N/m}^2 \times 0.45 \text{ m} = 408 \text{ N/m} = 0.408 \text{ N/mm}$$

3 曲げ応力度の検討

庇部分とスパン部分の双方について垂木負担荷重 w'' による曲げモーメントを算定し，大きい方の値にて検討を行う．

庇　　$M = \dfrac{w'' \cdot l'^2}{2} = \dfrac{0.408 \text{ N/mm} \times 300^2 \text{ mm}^2}{2} = 18360 \text{ N·mm}$

スパン　$M = \dfrac{w'' \cdot l^2}{8} = \dfrac{0.408 \text{ N/mm} \times 900^2 \text{ mm}^2}{8} = 41310 \text{ N·mm}$

スパン部分の曲げモーメントにて検討する．

$$\dfrac{M}{Z} \cdot \dfrac{1}{_sf_b} = \dfrac{41310 \text{ N·mm}}{15 \times 10^3 \text{ mm}^3} \times \dfrac{1}{11.84 \text{ N/mm}^2} = 0.232 < 1 \rightarrow \text{OK}$$

4 せん断応力度の検討

庇部分とスパン部分の双方について垂木負担荷重 w'' により生じるせん断力を算定し，大きい方の値にて検討を行う．

庇　　$Q = w'' \cdot l' = 0.408 \text{ N/mm} \times 300 \text{ mm} = 122.4 \text{ N}$

スパン　$Q = \dfrac{w'' \cdot l}{2} = \dfrac{0.408 \text{ N/mm} \times 900 \text{ mm}}{2} = 183.6 \text{ N}$

スパン部分のせん断力にて検討する．

$$\dfrac{1.5Q}{A} \cdot \dfrac{1}{_sf_s} = \dfrac{1.5 \times 183.6 \text{ N}}{2025 \text{ mm}^2} \times \dfrac{1}{0.96 \text{ N/mm}^2} = 0.141 < 1 \rightarrow \text{OK}$$

5·3·2　母屋の設計

長期での設計手順を示す．

1 設計条件

屋根勾配　5寸　　表3·4 より　勾配角度 $\theta = 26.56°$　$\cos\theta = 0.89$　$\sin\theta = 0.45$

母屋間隔　$m = 0.9 \text{ m}$

スパン　$l = 1.8 \text{ m} = 1800 \text{ mm}$

断面　　90 mm × 90 mm

算定に必要となる断面積 A，断面係数 Z を付6より記入する．

付6より　断面積　$A = 8100 \text{ mm}^2$

断面係数　$Z = 121.5 \times 10^3 \text{ mm}^3$

532　母屋の設計

1 設計条件　　**長期にて設計**

屋根勾配　5　寸　角度 $\theta =$　26.56　°　$\cos\theta =$　0.89　$\sin\theta =$　0.45

母屋間隔　$m =$　0.9　m

　　スパン　$l =$　1.8　m ＝　1800　mm

　　断面　90　mm ×　90　mm

　　断面積　$A =$　8100　mm²

　　断面係数　$Z =$　121.5×10³　mm³

樹種　**すぎ（無等級材）**

許容応力度　$_Lf_b =$　8.14　N/mm²　$_Sf_b =$　　　N/mm²

　　　　　$_Lf_s =$　0.66　N/mm²　$_Sf_s =$　　　N/mm²

2 設計荷重

設計荷重　$w' =$ 屋根荷重＋母屋固定荷重 ＝　382　N/m² ＋　50　N/m² ＝　432　N/m²

母屋負担荷重　$W = w' \cdot l \cdot m =$　432　N/m² ×　1.8　m ×　0.9　m ＝　699　N

　　　　　$W_X = W \sin\theta =$　699　N ×　0.45　＝　314　N

　　　　　$W_Y = W \cos\theta =$　699　N ×　0.89　＝　622　N

3 曲げ応力度の検討

$$M = \frac{W_Y \cdot l}{8} = \frac{622 \text{ N} \times 1800 \text{ mm}}{8} = 139 \times 10^3 \text{ N·mm}$$

$$\frac{M}{Z} \cdot \frac{1}{_Lf_b} = \frac{139 \times 10^3 \text{ N·mm}}{121.5 \times 10^3 \text{ mm}^3} \times \frac{1}{8.14 \text{ N/mm}^2} = 0.14 \quad <1 \quad \text{OK}$$

4 せん断応力度の検討

$$Q = \frac{W_Y}{2} = \frac{622 \text{ N}}{2} = 311 \text{ N}$$

$$\frac{1.5Q}{A} \cdot \frac{1}{_Lf_s} = \frac{1.5 \times 311 \text{ N}}{8100 \text{ mm}^2} \times \frac{1}{0.66 \text{ N/mm}^2} = 0.087 \quad <1 \quad \text{OK}$$

使用する木材の樹種，許容応力度（曲げおよびせん断）を 131 より転記する．
使用樹種　すぎ（無等級材）

131 より　長期許容曲げ応力度　$_Lf_b$ = 8.14 N/mm²
　　　　　長期許容せん断応力度　$_Lf_s$ = 0.66 N/mm²

2 設計荷重

設計荷重 w' は屋根荷重に母屋の固定荷重を加えた値とする．

長期の屋根荷重　340 より　長期 382 N/m²

母屋固定荷重　スパン l = 1.8 m ＜ 2 m のとき 50 N/m²

設計荷重　w' = 屋根荷重 + 母屋固定荷重 = 382 N/m² + 50 N/m² = 432 N/m²

母屋負担荷重 W は，設計荷重 w' にスパン l および間隔 m を乗じて求められる．

$$W = w' \cdot l \cdot m = 432 \text{ N/m}^2 \times 1.8 \text{ m} \times 0.9 \text{ m} = 699 \text{ N}$$

母屋断面の X, Y 方向の分力 W_X, W_Y を算定する（図 5・8）．

$$W_X = W \sin\theta = 699 \text{ N} \times 0.45 = 314 \text{ N}$$
$$W_Y = W \cos\theta = 699 \text{ N} \times 0.89 = 622 \text{ N}$$

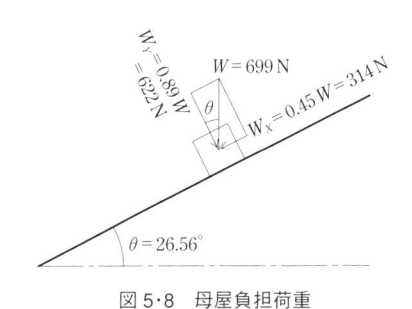

図 5・8　母屋負担荷重

3 曲げ応力度の検討

先に求めた分力 W_X, W_Y のうち大きい方の分力 W_Y にて曲げモーメント M を算定し，その値について検討を行う．

$$M = \frac{W_Y \cdot l}{8} = \frac{622 \text{ N} \times 1800 \text{ mm}}{8} = 139 \times 10^3 \text{ N}\cdot\text{mm}$$

検討式　$\dfrac{M}{Z} \cdot \dfrac{1}{_Lf_b} = \dfrac{139 \times 10^3 \text{ N}\cdot\text{mm}}{121.5 \times 10^3 \text{ mm}^3} \times \dfrac{1}{8.14 \text{ N/mm}^2} = 0.14 < 1 \rightarrow$ OK

4 せん断応力度の検討

大きい方の分力 W_Y によるせん断力 Q を求め，検討する．

$$Q = \frac{W_Y}{2} = \frac{622 \text{ N}}{2} = 311 \text{ N}$$

検討式　$\dfrac{1.5Q}{A} \cdot \dfrac{1}{_Lf_s} = \dfrac{1.5 \times 311 \text{ N}}{8100 \text{ mm}^2} \times \dfrac{1}{0.66 \text{ N/mm}^2} = 0.087 < 1 \rightarrow$ OK

600 令46条の壁量計算

　地震力・風圧力は，建物に水平力として作用し，水平力は耐力壁（筋かい壁，構造用合板壁等）が負担する．したがって，耐力壁の設計は重要であり，つりあいよく配置しなければならない．

　その耐力壁となる壁の種類（軸組の種類）と壁倍率（軸組倍率），必要壁量（必要軸組長さ）が令46条［構造耐力上必要な軸組等］に規定されている．

610 必要壁量の算定

　地震力（床面積に対する壁量［m/m²］，表6・1）と風圧力（見付面積に対する壁量［m/m²］，表6・2）に対して必要な壁量を求める．前者については，建物重量に比例して地震力が大きくなるため，重量の大きな屋根では必要壁量は多くなる．また，後者の風圧力においては，見付面が大きくなると，見付面に直角方向の必要壁量が多くなる．

　したがって，長方形プランの建物の場合では桁行面の見付面積が大きくなるため，張り間方向（短辺方向）の必要壁量は風圧力で，桁行方向（長辺方向）は地震力で決まるのが一般的である．正方形プランでは，床面積が大きい建物の場合には両方向とも地震力，小さい建物の場合には風圧力にて決まる．

611 地震力に対する必要壁量

　令46条4項に，地震力に対する床面積あたりの壁量が示されている（表6・1）．この数値に各階の床面積を乗じて必要壁量を算定する．

表6・1 地震力に対する必要壁量（床面積あたり）

建物の種類	平家建	2 階 建	
		1階部分	2階部分
・重い材料の屋根 　（瓦葺，厚形スレート葺等） ・特に重い壁（土蔵造等）	0.15 m/m²	0.33 m/m²	0.21 m/m²
・軽い材料の屋根 　（鉄板葺，スレート葺等）	0.11 m/m²	0.29 m/m²	0.15 m/m²

注）規則で指定する軟弱地盤区域内における建築物の場合は1.5倍

（令46条4項表2より）

表6・2 風圧力に対する必要壁量（見付面積あたり）

区　　域	必要壁量
一般区域	0.50 m/m²
強風区域（規則で指定）	0.50～0.75 m/m² （規則で定める）

（令46条4項表3より）

地震力に対する必要壁量［m］＝床面積あたりの壁量［m/m²］（表 6・1）×各階床面積［m²］

612 風圧力に対する必要壁量

風圧力に対しては，見付面積あたりの壁量が定められている（表 6・2）．見付面積は，張り間方向と桁行方向の各方向別に求める（算定方法については **363** 参照）．

風圧力に対する必要壁量［m］＝見付面積あたりの壁量［m/m²］（表 6・2）×各方向見付面積［m²］

620 設計壁量の算定

設計壁量は，各耐力壁の基準寸法に箇所数と壁倍率を乗じた値の合計として求められる．張り間方向と桁行方向のそれぞれについて算出する．

耐力壁の種類と壁倍率については令 46 条 4 項に示されている．表 6・3 は，2 階建住宅に採用される主な耐力壁についてまとめたものである（他の耐力壁については付 5 参照）．

設計壁量［m］＝Σ（基準寸法［m］×箇所数［ヶ所］×壁倍率）

表 6・3 耐力壁の種類と倍率　　　　＊倍率の数値は 5.0 まで

耐力壁		耐力壁の種類	くぎの種類 くぎの間隔	壁倍率	
筋かい	片筋かい	45 mm×90 mm 以上　二ツ割筋かい		2.0	
		90 mm×90 mm 以上　柱同寸筋かい		3.0	
	たすき掛け筋かい	45 mm×90 mm 以上　二ツ割筋かい		4.0	
		90 mm×90 mm 以上　柱同寸筋かい		5.0	
				片面	両面
ボード壁		構造用合板（JAS）⑦5 mm 以上 屋外壁等は特類，樹脂加工以外 ⑦7.5 mm 以上 パーティクルボード　⑦12 mm 以上 構造用パネル（JAS）	N50 @150 mm 以下	2.5	5.0
		せっこうボード　⑦12 mm 以上 屋外壁等以外	GNF40 GNC40 @150 mm 以下	1.0	2.0

（令 46 条 4 項表 1，昭 56 建告 1100 より）

600 令46条の壁量計算

610 必要壁量の算定

611 地震力に対する必要壁量

階	壁量 [m/m²]	床面積計 [m²]	必要壁量 [m]
2	0.15	32.4	4.86
1	0.29	40.5	11.745

屋根：スレート葺（カラーベスト）

612 風圧力に対する必要壁量

| 階 | 壁量 [m/m²] | X方向耐力壁 | | | Y方向耐力壁 | | |
		Y方向面見付面積 [m²]	∑見付面積 [m²]	必要壁量 [m]	X方向面見付面積 [m²]	∑見付面積 [m²]	必要壁量 [m]
2	0.5	19.8	19.8	9.9	8.775	8.775	4.387
1		25.65	45.45	22.725	12.6	21.375	10.687

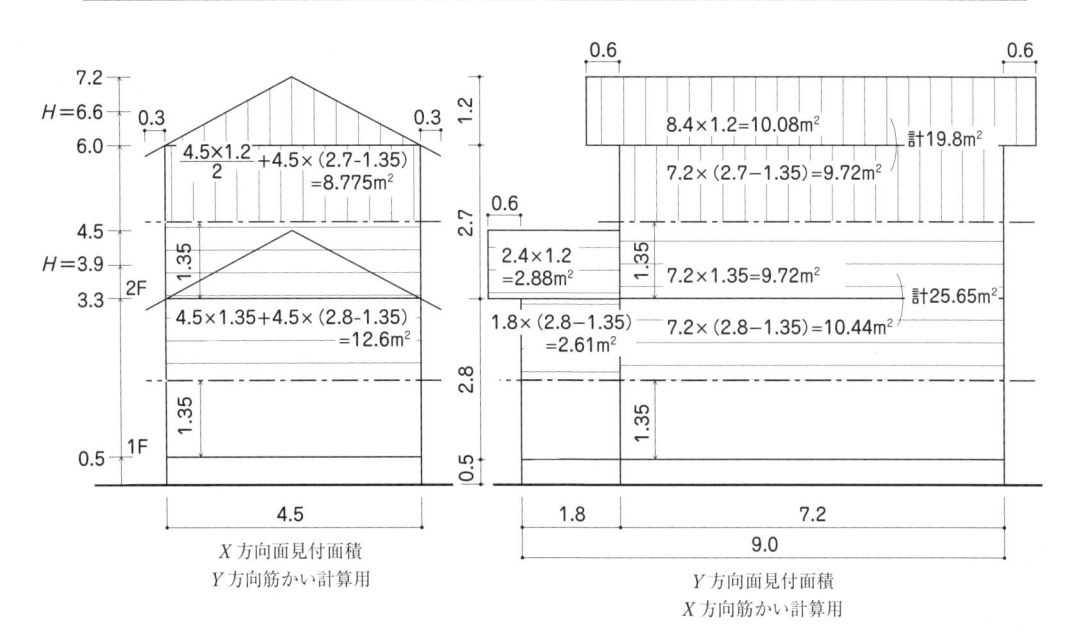

X方向面見付面積
Y方向筋かい計算用

$$\frac{4.5 \times 1.2}{2} + 4.5 \times (2.7 - 1.35) = 8.775 \text{m}^2$$

$$4.5 \times 1.35 + 4.5 \times (2.8 - 1.35) = 12.6 \text{m}^2$$

Y方向面見付面積
X方向筋かい計算用

$8.4 \times 1.2 = 10.08 \text{m}^2$
$7.2 \times (2.7 - 1.35) = 9.72 \text{m}^2$
計19.8m²

$2.4 \times 1.2 = 2.88 \text{m}^2$
$7.2 \times 1.35 = 9.72 \text{m}^2$
$1.8 \times (2.8 - 1.35) = 2.61 \text{m}^2$
$7.2 \times (2.8 - 1.35) = 10.44 \text{m}^2$
計25.65m²

630 地震力・風圧力に対する確認

620で求められた設計壁量が，**610**の必要壁量以上であることを確認する．

640 耐力壁配置の検討

平12建告1352［木造建築物の軸組の設置の基準を定める件］に基づき，耐力壁がつりあいよく配置されているかの検討を地震力の場合にて行う．

張り間方向の両端1/4部分，桁行方向の両端1/4部分を側端部分という（図6・1）．それぞれの側端部分の壁量充足率（存在壁量と必要壁量の比）を求め，その比（壁率比）が0.5以上であることを確認する．以下に，用語とチェック手順を示す．

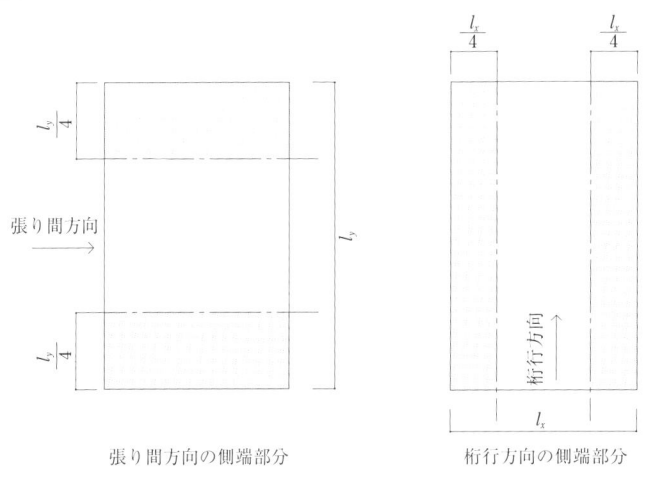

図6・1　側端部分

①側端部分（図6・1）
　　張り間方向＝桁行方向長さ l_y の両端1/4の部分
　　桁行方向＝張り間方向長さ l_x の両端1/4の部分
　　各階別に側端部分ごとに独立して計算する．

②必要壁量
　　側端部分の床面積×表6・1の数値（地震力用）

③存在壁量
　　側端部分の耐力壁長さ×壁倍率（表6・3）
　　壁の中心線が側端部分に含まれていれば算入する．

④壁量充足率
　　各側端部分における，存在壁量と必要壁量の比．

$$壁量充足率 = \frac{存在壁量}{必要壁量}$$

　壁量充足率＞1は確認不要．

620　設計壁量の算定

621　耐力壁配置図

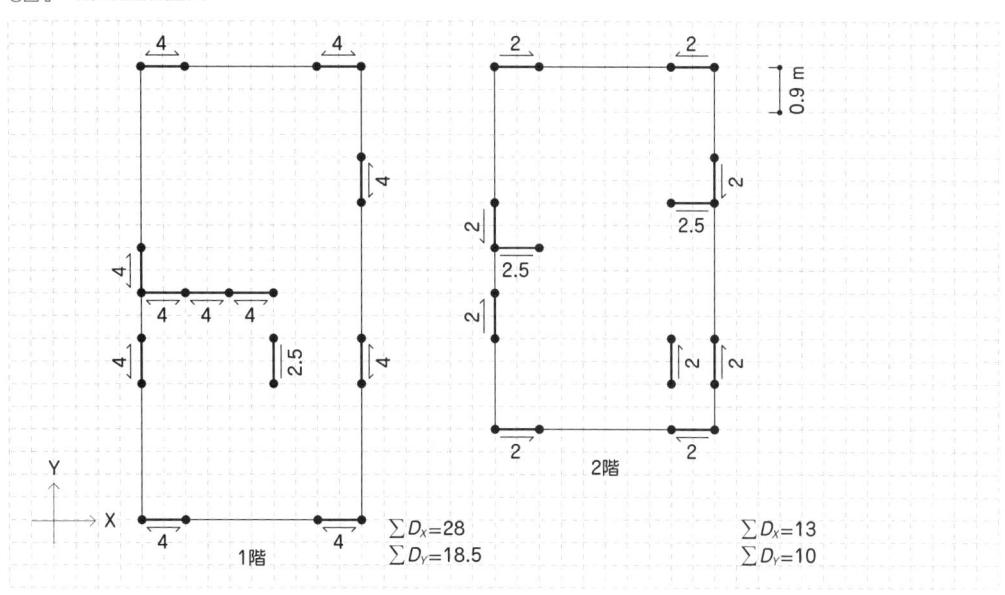

1階: $\sum D_X = 28$, $\sum D_Y = 18.5$
2階: $\sum D_X = 13$, $\sum D_Y = 10$

622　設計壁量の算定

階	方向	筋かい 45×90 壁倍率 2倍	筋かいたすき掛け 45×90 壁倍率 4倍	構造用合板片面 9mm 壁倍率 2.5倍	設計壁量
2	X方向	0.9m×4ヶ所×2倍 =7.2m		0.9m×2ヶ所×2.5倍 =4.5m	11.7 m
2	Y方向	0.9m×5ヶ所×2倍 =9m			9 m
1	X方向		0.9m×7ヶ所×4倍 =25.2m		25.2 m
1	Y方向		0.9m×4ヶ所×4倍 =14.4m	0.9m×1ヶ所×2.5倍 =2.25m	16.65 m

630　地震力・風圧力に対する確認

階	方向	設計壁量 [m]	地震力 必要壁量 [m]	地震力 判定	風圧力 必要壁量 [m]	風圧力 判定
2	X方向	11.7	4.86	OK	9.9	OK
2	Y方向	9	4.86	OK	4.387	OK
1	X方向	25.2	11.745	OK	22.725	OK
1	Y方向	16.65	11.745	OK	10.687	OK

⑤壁率比

各階の張り間方向，桁行方向の双方において，下式により求まる数値．

$$\text{壁率比} = \frac{\text{壁量充足率の小さい方の値}}{\text{壁量充足率の大きい方の値}}$$

壁率比 ≥ 0.5 を確認する．

構造計算書演習例 p. 26

● 600 解説 — 令46条の壁量計算の順序とポイント

610 必要壁量の算定

地震力と風圧力の2通りに分けて算定を行う．

611 地震力に対する必要壁量

各階ごとに算定する．

2階　壁量　表6·1より　スレート葺（カラーベスト）　2階建の2階　0.15 m/m^2
　　　床面積　32.4 m^2
　　　必要壁量 = 壁量 × 床面積 = $0.15 \text{ m/m}^2 × 32.4 \text{ m}^2 = 4.86 \text{ m}$

1階　壁量　表6·1より　スレート葺（カラーベスト）　2階建の1階　0.29 m/m^2
　　　床面積　40.5 m^2
　　　必要壁量 = 壁量 × 床面積 = $0.29 \text{ m/m}^2 × 40.5 \text{ m}^2 = 11.745 \text{ m}$

612 風圧力に対する必要壁量

X, Y 方向別に算定を行う．X 方向の壁量算定には Y 方向面の見付面積，Y 方向の壁量算定には X 方向面の見付面積を用いる．

壁量　表6·2より　一般区域　0.5 m/m^2

① X 方向壁量算定

2階　見付面積（Y 方向面）　363 より　$10.08 \text{ m}^2 + 9.72 \text{ m}^2 = 19.8 \text{ m}^2$
　　　必要壁量 = 壁量 × 見付面積 = $0.5 \text{ m/m}^2 × 19.8 \text{ m}^2 = 9.9 \text{ m}$

1階　見付面積（Y 方向面）　363 より　$2.88 \text{ m}^2 + 2.61 \text{ m}^2 + 9.72 \text{ m}^2 + 10.44 \text{ m}^2 = 25.65 \text{ m}^2$
　　　1階の壁量算定においては，1階と2階の見付面積を合計した Σ 見付面積を用いる．
　　　Σ 見付面積　$19.8 \text{ m}^2 + 25.65 \text{ m}^2 = 45.45 \text{ m}^2$
　　　必要壁量 = 壁量 × Σ 見付面積 = $0.5 \text{ m/m}^2 × 45.45 \text{ m}^2 = 22.725 \text{ m}$

② Y 方向壁量算定

2階　見付面積（X 方向面）　363 より　8.775 m^2
　　　必要壁量 = 壁量 × 見付面積 = $0.5 \text{ m/m}^2 × 8.775 \text{ m}^2 = 4.387 \text{ m}$

1階　見付面積（X 方向面）　363 より　12.6 m^2
　　　Σ 見付面積　$8.775 \text{ m}^2 + 12.6 \text{ m}^2 = 21.375 \text{ m}^2$
　　　必要壁量 = 壁量 × Σ 見付面積 = $0.5 \text{ m/m}^2 × 21.375 \text{ m}^2 = 10.687 \text{ m}$

640 耐力壁配置の検討

641 耐力壁配置図

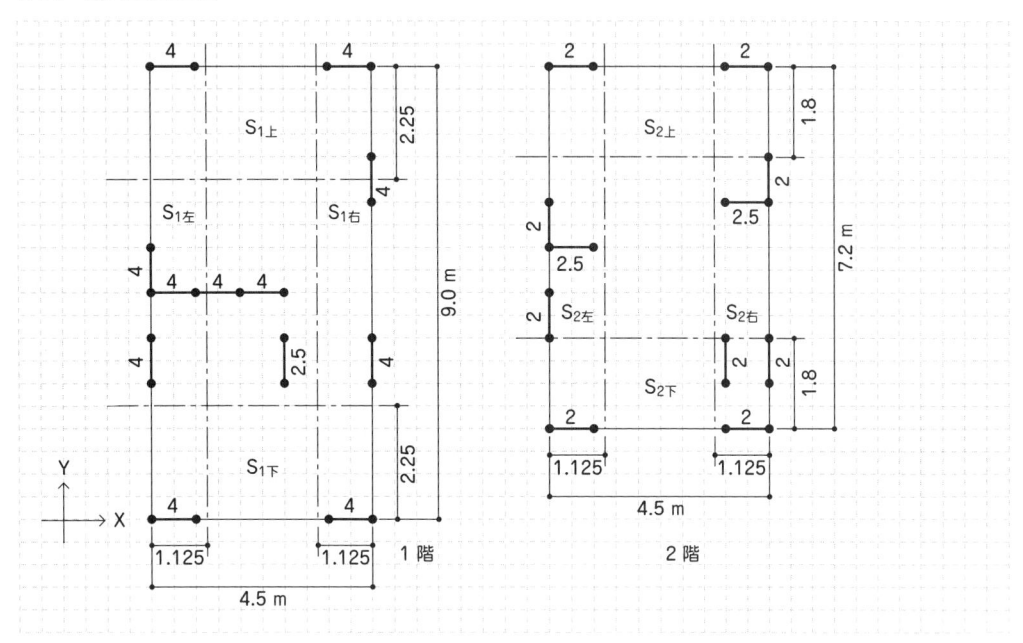

642 壁率比の算定

1 1階 X 方向／2階 X 方向

①側端部分の床面積

$S_{1上}$ = __4.5__ m× __2.25__ m = __10.125__ m²　　$S_{2上}$ = __4.5__ m× __1.8__ m = __8.1__ m²

$S_{1下}$ = __4.5__ m× __2.25__ m = __10.125__ m²　　$S_{2下}$ = __4.5__ m× __1.8__ m = __8.1__ m²

②側端部分の必要壁量

$N_{1上}$ = __10.125__ m²× __0.29__ m/m² = __2.936__ m　　$N_{2上}$ = __8.1__ m²× __0.15__ m/m² = __1.215__ m

$N_{1下}$ = __10.125__ m²× __0.29__ m/m² = __2.936__ m　　$N_{2下}$ = __8.1__ m²× __0.15__ m/m² = __1.215__ m

③存在壁量

$D_{1上}$ = __0.9__ m× __2__ ヶ所× __4__ 倍 = __7.2__ m　　$D_{2上}$ = __0.9__ m× __2__ ヶ所× __2__ 倍 = __3.6__ m

$D_{1下}$ = __0.9__ m× __2__ ヶ所× __4__ 倍 = __7.2__ m　　$D_{2下}$ = __0.9__ m× __2__ ヶ所× __2__ 倍 = __3.6__ m

④壁量充足率

$r_{1上} = \dfrac{D_{1上}}{N_{1上}} = \dfrac{7.2 \text{ m}}{2.936 \text{ m}} = 2.452 > 1.0$　　$r_{2上} = \dfrac{D_{2上}}{N_{2上}} = \dfrac{3.6 \text{ m}}{1.215 \text{ m}} = 2.962 > 1.0$

$r_{1下} = \dfrac{D_{1下}}{N_{1下}} = \dfrac{7.2 \text{ m}}{2.936 \text{ m}} = 2.452 > 1.0$　　$r_{2下} = \dfrac{D_{2下}}{N_{2下}} = \dfrac{3.6 \text{ m}}{1.215 \text{ m}} = 2.962 > 1.0$

⑤壁率比

$\dfrac{r_{1上}}{r_{1下}} = \dfrac{2.452}{2.452} = 1.0 > 0.5$　OK　　$\dfrac{r_{2上}}{r_{2下}} = \dfrac{2.962}{2.962} = 1.0 > 0.5$　OK

620　設計壁量の算定

各階方向別に算定する．それぞれの耐力壁について，基準寸法 (0.9 m) ×箇所数×壁倍率を求め，それらの合計値が設計壁量となる．

2階 X 方向　　筋かい（45×90）　　0.9 m × 4 ヶ所× 2 倍　　= 7.2 m
　　　　　　　構造用合板（片面）　0.9 m × 2 ヶ所× 2.5 倍 = 4.5 m
　　　　　　　　　　　　　　　　　　　　　　　　　設計壁量　11.7 m

630　地震力・風圧力に対する確認

610 で求められた必要壁量と 620 で求められた設計壁量とを比較し，設計壁量＞必要壁量であることを確認する．

640　耐力壁配置の検討

641 耐力壁配置図に側端部分の範囲を示した上で，642 にて各階方向別に壁率比の算定・チェックを行う．

1階 X 方向

①側端部分の床面積

　上下の側端部分（Y 方向の場合は左右）の床面積を，それぞれ求める．

　$S_{1上}$ = 4.5 m × 2.25 m = 10.125 m²
　$S_{1下}$ = 4.5 m × 2.25 m = 10.125 m²

②側端部分の必要壁量

　611 の地震力用の壁量にて計算する．1階壁量は 0.29 m/m²．

　$N_{1上}$ = 10.125 m² × 0.29 m/m² = 2.936 m
　$N_{1下}$ = 10.125 m² × 0.29 m/m² = 2.936 m

③存在壁量

　各側端部分に含まれる X 方向の耐力壁（Y 方向の場合は Y 方向の耐力壁）の存在壁量を求める．上下とも，基準寸法 0.9 m，45 mm × 90 mm のたすき掛け筋かい（壁倍率4倍）が 2 ヶ所である．

　$D_{1上}$ = 0.9 m × 2 ヶ所× 4 倍 = 7.2 m
　$D_{1下}$ = 0.9 m × 2 ヶ所× 4 倍 = 7.2 m

④壁量充足率

$$r_{1上} = \frac{D_{1上}}{N_{1上}} = \frac{7.2 \text{ m}}{2.936 \text{ m}} = 2.452 > 1.0$$

$$r_{1下} = \frac{D_{1下}}{N_{1下}} = \frac{7.2 \text{ m}}{2.936 \text{ m}} = 2.452 > 1.0$$

壁量充足率 $r_{1上}$，$r_{1下}$ とも 1.0 より大きいので壁率比は確認不要であるが，演習例では確認しておく．

2 1階 Y 方向／2階 Y 方向

①側端部分の床面積

$S_{1左}$ = __1.125__ m × __9__ m = __10.125__ m²　　$S_{2左}$ = __1.125__ m × __7.2__ m = __8.1__ m²

$S_{1右}$ = __1.125__ m × __9__ m = __10.125__ m²　　$S_{2右}$ = __1.125__ m × __7.2__ m = __8.1__ m²

②側端部分の必要壁量

$N_{1左}$ = __10.125__ m² × __0.29__ m/m² = __2.936__ m　　$N_{2左}$ = __8.1__ m² × __0.15__ m/m² = __1.215__ m

$N_{1右}$ = __10.125__ m² × __0.29__ m/m² = __2.936__ m　　$N_{2右}$ = __8.1__ m² × __0.15__ m/m² = __1.215__ m

③存在壁量

$D_{1左}$ = __0.9__ m × __2__ ヶ所 × __4__ 倍 = __7.2__ m　　$D_{2左}$ = __0.9__ m × __2__ ヶ所 × __2__ 倍 = __3.6__ m

$D_{1右}$ = __0.9__ m × __2__ ヶ所 × __4__ 倍 = __7.2__ m　　$D_{2右}$ = __0.9__ m × __3__ ヶ所 × __2__ 倍 = __5.4__ m

④壁量充足率

$r_{1左} = \dfrac{D_{1左}}{N_{1左}} = \dfrac{7.2 \text{ m}}{2.936 \text{ m}} =$ __2.452__ > 1.0　　$r_{2左} = \dfrac{D_{2左}}{N_{2左}} = \dfrac{3.6 \text{ m}}{1.215 \text{ m}} =$ __2.962__ > 1.0

$r_{1右} = \dfrac{D_{1右}}{N_{1右}} = \dfrac{7.2 \text{ m}}{2.936 \text{ m}} =$ __2.452__ > 1.0　　$r_{2右} = \dfrac{D_{2右}}{N_{2右}} = \dfrac{5.4 \text{ m}}{1.215 \text{ m}} =$ __4.444__ > 1.0

⑤壁率比

$\dfrac{r_{1左}}{r_{1右}} = \dfrac{2.452}{2.452} =$ __1.0__ > 0.5 OK　　$\dfrac{r_{2左}}{r_{2右}} = \dfrac{2.962}{4.444} =$ __0.666__ > 0.5 OK

⑤壁率比

④で求められた壁量充足率 $r_{1上}$, $r_{1下}$ のうち小さい方の数値を大きい方の数値で除した壁率比が 0.5 以上であることを確認する．演習例では $r_{1上} = r_{1下}$ であるから，壁率比は 1.0 となる．

$$壁率比 = \frac{壁量充足率の小さい方の値}{壁量充足率の大きい方の値} = \frac{2.452}{2.452} = 1.0 > 0.5 \rightarrow OK$$

700 柱頭・柱脚の仕口金物設計

耐力壁を構成する柱には水平力（地震力，風圧力）による引抜力が生じるため，柱頭・柱脚の仕口に金物が必要となる．

木造の仕口の構造方法は，令47条［構造耐力上主要な部分である継手又は仕口］に基づく平12建告1460［木造の継手及び仕口の構造方法を定める件］に定められているが，この告示に定められた方法により柱頭・柱脚の仕口を設計すると，金物が過大に必要となる．そのため，構造計算を行って金物を合理的に設計するのが一般的に定石となっている．その計算方法について解説する．

710 構造計算による壁量の確認

600 において令46条4項の規定により耐力壁の設計を行った．ここでは，耐力壁の基準耐力値に基づく構造計算により壁量のチェックを行う．

本書では，耐力壁の基準耐力値として 1.96 kN/m を採用する．基準耐力値 1.96 kN/m は，耐力壁長さ $l = 1$ m あたりの値であり，非耐力壁（腰壁，雑壁）の耐力を加味した数値である．この基準耐力値に基づき，耐力壁の許容せん断耐力 P_a は下式にて求められる．

P_a = 基準耐力（1.96 kN/m）× α × l = 1.96 kN/m × 設計壁量

P_a：耐力壁の許容せん断耐力 ［kN］
α ：耐力壁の壁倍率（表6・3）
l ：耐力壁の長さ ［m］　一般には $l = 0.9$ m または 0.91 m を採用

本式により，各階方向別に耐力壁の許容せん断耐力を算定し，その値が設計水平力（地震力，風圧力）以上であるかを確認する．未満となる場合には，耐力壁を追加する，壁倍率の大きい耐力壁を用いるなど，設計壁量の変更を行う．

構造計算書演習例 p. 30

710 では，金物設計のための設計条件の整理および構造計算による壁量のチェックを行う．

711 設計水平力一覧表

350 にて求めた地震層せん断力，**360** にて求めた層風圧力をもとに，金物設計に必要な設計水平力を一覧表に示す．両者を比較して，大きい方の数値を採用値とする．

演習例では，2階 X 方向・1階 X 方向は風圧力，2階 Y 方向・1階 Y 方向は地震力により算定を行う．

712 柱軸方向力一覧図

400 柱軸方向力の算定結果より転記する．柱軸方向力 N'（引抜力算定用）を用いる．

713 壁量の確認

620 にて算定した各階方向別の設計壁量に基準耐力（1.96 kN/m）を乗じて，耐力壁の許容せん断耐力 P_a を求める．その値が，711 の設計水平力以上であるかを確認する．

 2 階 X 方向 P_a = 1.96 kN/m × 11.7 m = 22.932 kN > 15 kN（風圧力）→ OK
    Y 方向 P_a = 1.96 kN/m × 9.0 m = 17.64 kN > 15 kN（地震力）→ OK
 1 階 X 方向 P_a = 1.96 kN/m × 25.2 m = 49.392 kN > 38 kN（風圧力）→ OK
    Y 方向 P_a = 1.96 kN/m × 16.65 m = 32.634 kN > 31 kN（地震力）→ OK

720 引抜力算定と金物設計

721 地震力による柱頭・柱脚の引抜力算定

1 地震力による軸力計算

$$_nP_Q = \Sigma_n Q \frac{D}{\Sigma D}$$

 $_nP_Q$：n 階に作用する耐力壁あたりの地震力［kN］
 $\Sigma_n Q$：地震層せん断力［kN］
 D：耐力壁の壁倍率（表 6・3）
 ΣD：階全体の X，Y 方向別 D 合計

$$_nv_Q = \frac{_nP_Q \cdot {_nh}}{l}$$

 v_Q：地震力による軸力［kN］
 $_nv_Q$：n 階のみの軸力［kN］ $_2v_Q = \dfrac{_2P_Q \cdot {_2h}}{l}$ $_1v_Q = \dfrac{_1P_Q \cdot {_1h}}{l}$
 $_nh$：n 階の階高［m］
 l：耐力壁のスパン長さ［m］
 $_nV_Q$：n 階以上の軸力 v_Q の合計（層軸力）［kN］
    $_2V_Q = {_2v_Q}$ $_1V_Q = {_2v_Q} + {_1v_Q}$

2 長期柱軸方向力 N'

引抜力算定に用いる柱軸方向力 N' は，地震力用の積載荷重による算定値を採用する．

当該柱に直交壁が取り付く場合には，直交壁柱の軸力を加算することができる（直交壁効果，図 7・1）．

700 柱頭・柱脚の仕口金物設計

710 設計条件，壁量の確認

711 設計水平力一覧表

＊採用値

階	方向	地震力 Q [kN]	風圧力 W [kN]
2	X方向筋かい	15	＊15
	Y方向筋かい	＊15	8.5
1	X方向筋かい	31	＊38
	Y方向筋かい	＊31	21

712 柱軸方向力一覧図

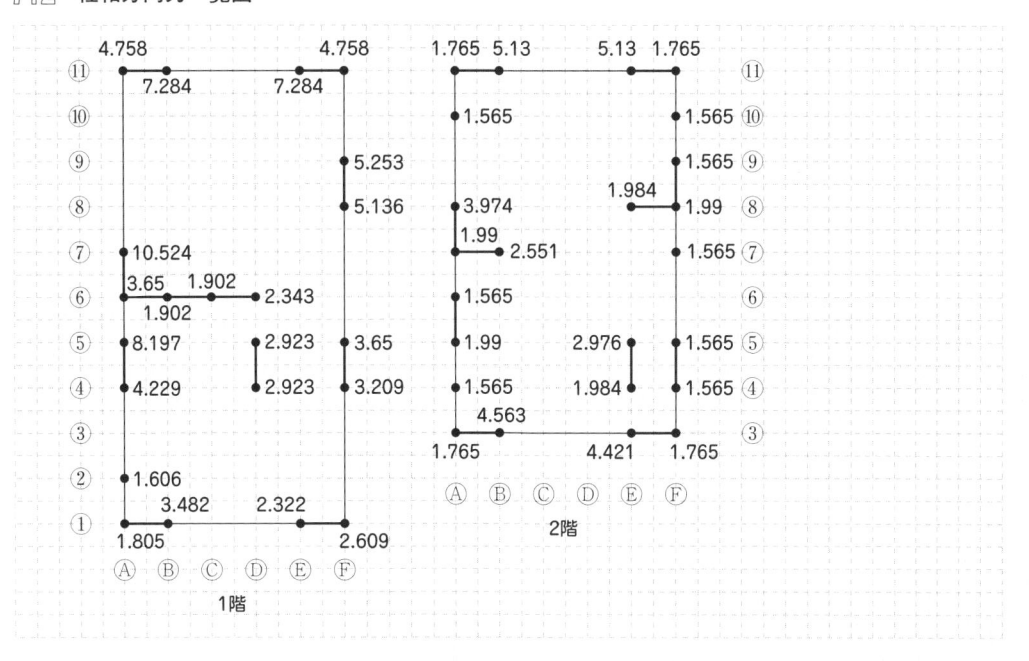

713 壁量の確認

2階　X方向　$P_a = 1.96$ kN/m × 11.7 m = 22.932 kN ＞ 15 kN（風圧力）OK
　　　Y方向　$P_a = 1.96$ kN/m × 9 m = 17.64 kN ＞ 15 kN（地震力）OK
1階　X方向　$P_a = 1.96$ kN/m × 25.2 m = 49.392 kN ＞ 38 kN（風圧力）OK
　　　Y方向　$P_a = 1.96$ kN/m × 16.65 m = 32.634 kN ＞ 31 kN（地震力）OK

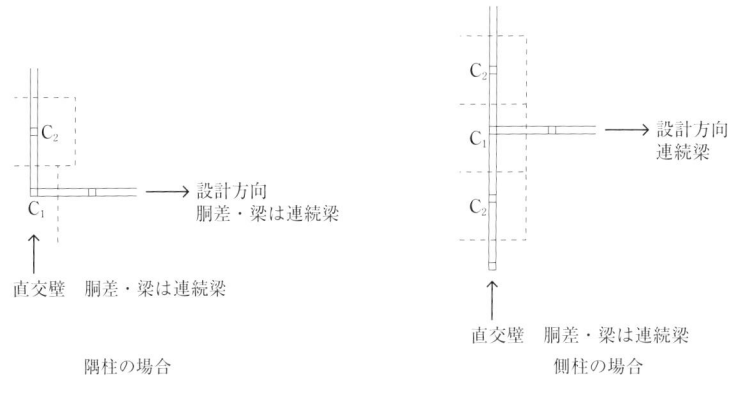

図 7·1　直交壁効果　C_1 の設計に C_2 の軸力を加算できる

3 引抜力の計算

$$_nF_0 = {_nN'} - \beta \cdot {_nV_Q}$$

$_nF_0$ ： n 階の引抜力 [kN]

$_nN'$ ： n 階の耐力壁の柱軸方向力（各階の合計）[kN]

$_nV_Q$ ： n 階以上の軸力 $_nv_Q$ の合計 [kN]

β ： 引抜力に対して上部の梁による押さえ効果を考慮した係数

$\beta = 0.5$　端部以外

$\beta = 0.8$　端部

$\beta = 1.0$　梁の継手が近傍にあり拘束のない時

7.2.2 風圧力による柱頭・柱脚の引抜力算定

1 風圧力による軸力計算

X 方向の検討では Y 方向面の，Y 方向の検討では X 方向面の風圧力を用いる．

$$_nP_W = \Sigma_nW \frac{D}{\Sigma D}$$

$_nP_W$ ： n 階に作用する耐力壁あたりの風圧力 [kN]

Σ_nW ： n 階以上の風圧力の合計値（層風圧力）[kN]

D ： 耐力壁の壁倍率（表 6·3）

ΣD ： 階全体の X，Y 方向別 D 合計

$$_nv_W = \frac{_nP_W \cdot {_nh}}{l}$$

v_W ： 風圧力による軸力 [kN]

$_nv_W$ ： n 階の軸力（層風圧力による）[kN]

$_nh$ ： n 階の階高 [m]

l ： 耐力壁のスパン長さ [m]

$_nV_W$：n 階以上の軸力計（層軸力）[kN]

$$_2V_W = {_2v_W} \quad _1V_W = {_2v_W} + {_1v_W}$$

2 長期柱軸方向力 N'

令 82 条［許容応力度等計算］において，暴風時の柱の引抜を検討する場合には，建築物の実況に応じて積載荷重は減らした数値によるものと規定されている．したがって，柱軸方向力 N' は地震力用の積載荷重による算定値を用いる．

721 地震力の場合と同様，直交壁効果を加算することができる．

3 引抜力の計算

$$_nF_0 = {_nN'} - \beta \cdot {_nV_W}$$

$_nF_0$：n 階の引抜力 [kN]

$_nN'$：n 階の柱軸方向力（各階の合計）[kN]

$_nV_W$：n 階以上の軸力 $_nv_W$ の合計 [kN]

β　：引抜力に対して上部の梁による押さえ効果を考慮した係数

　　　　端部　　　$\beta = 0.8$

　　　　端部以外　$\beta = 0.5$

723 金物設計のポイント

1 金物の許容耐力

求められた引抜力に応じた許容耐力を有する金物を選択する．各金物の許容耐力およびディテールについては，付 4 に一覧を示す．

2 柱頭・柱脚金物の選択

柱頭金物は，構造計算により決定した柱脚金物に応じて選択する（図 7・2）．

　2 階柱：柱脚は構造計算（2 階の引抜力）で必要な金物

　　　　　柱頭は風圧力（吹上げ力）で必要な補強金物．一般的には 2 階柱脚金物を採用している

　1 階柱：柱脚は構造計算（1 階の引抜力）で必要な金物

　　　　　柱頭は 2 階柱脚金物を採用

　　　　　平家における柱の柱頭は，柱脚金物に準じて選択する

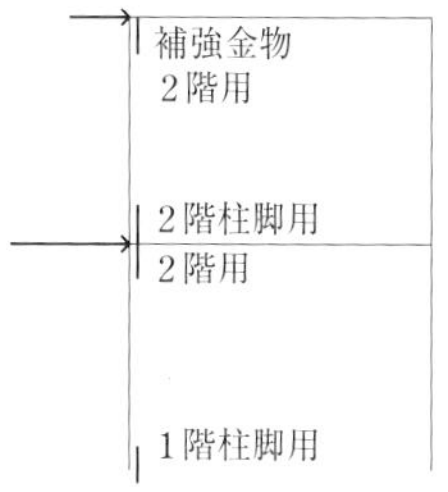

なお，耐力壁を構成する柱には，構造計算上不要（圧縮力が作用する場合）であっても，柱頭・柱脚には金物を付けるのが定石である（本書ではかすがいを採用する）．

図 7・2　柱頭・柱脚金物の設計

構造計算書演習例 p. 31

● **720** 解説 ── 引抜力算定と金物設計の順序とポイント

721 地震力による場合と **722** 風圧力による場合に分けて設計を行う．演習例では，Y 方向は地震力，X 方向は風圧力による．

構造計算書シートに軸組を記入し，順次計算を行う．表 7・1 に，X 方向⑪通りにおける耐力壁 Ⓐ－Ⓑ の引抜力計算経過（風圧力による）を示す．

表7・1　耐力壁⑪Ⓐ－⑪Ⓑの引抜力計算

耐力壁　⑪Ⓐ－⑪Ⓑ				
2階柱	$_2P_W = {_2W} \cdot \dfrac{{_2D}}{\sum {_2D}}$	$_2D = 2$　耐力壁倍率　621より $_2W = 15\,\mathrm{kN}$　2階X方向の風圧力W　711より $\sum {_2D} = 13$　2階X方向のD値合計　621より $_2P_W = 15 \times \dfrac{2}{13} = 2.307\,\mathrm{kN}$　2階X方向の⑪Ⓐ－⑪Ⓑに作用する風圧力			
	$_2v_W = \dfrac{{_2P_W} \cdot {_2h}}{l}$	$_2h = 2.7\,\mathrm{m}$　2階階高 $l = 0.9\,\mathrm{m}$　Ⓐ－Ⓑ間スパン $_2v_W = \dfrac{2.307 \times 2.7}{0.9} = 6.921\,\mathrm{kN}$　2階柱軸力（最上階柱は$_2v_W$（柱軸力）$= {_2V_W}$（層軸力））			
		⑪Ⓐ　通柱		⑪Ⓑ　管柱	
	柱頭金物	柱脚金物にて設計 Ｌ字型かど金物		柱脚金物にて設計 かすがい	
	β	耐力壁の上部梁による低減率 　　端部　$\beta = 0.8$		端部以外　$\beta = 0.5$	
	$\beta \cdot {_2V_W} = \beta \cdot {_2v_W}$	2階柱低減軸力 $0.8 \times 6.921 = 5.536\,\mathrm{kN}\uparrow$		$0.5 \times 6.921 = 3.46\,\mathrm{kN}\downarrow$	
	$_2N'$	2階柱軸方向力　400より（積載荷重は地震力用．表中［　］の数値）			
		$_2C_{⑪Ⓐ}$　　　1.765 kN 直交壁 $_2C_{⑩Ⓐ}$　1.565 kN 　　　　　　　3.33 kN↓		5.13 kN↓	
	$F_0 = {_2N'} - \beta \cdot {_2V_W}$	3.33↓ − 5.536↑ = 2.206 kN↑（引抜）		5.13↓ − 3.46↑ = 1.67 kN↓（圧縮）	
	柱脚金物	通柱につき不要		圧縮方向に力が作用するので計算外 安全のため，かすがいを採用	
1階柱	$_1P_W = {_1W} \cdot \dfrac{{_1D}}{\sum {_1D}}$	$_1D = 4$　耐力壁倍率　621より $_1W = 38\,\mathrm{kN}$　1階X方向の風圧力W　711より $\sum {_1D} = 28$　1階X方向のD値合計　621より $_1P_W = 38 \times \dfrac{4}{28} = 5.428\,\mathrm{kN}$　1階X方向の⑪Ⓐ－⑪Ⓑに作用する風圧力			
	$_1v_W = \dfrac{{_1P_W} \cdot {_1h}}{l}$	$_1h = 2.8\,\mathrm{m}$　1階階高 $l = 0.9\,\mathrm{m}$　Ⓐ－Ⓑ間スパン $_1v_W = \dfrac{5.428 \times 2.8}{0.9} = 16.887\,\mathrm{kN}$　1階柱軸力			
		⑪Ⓐ　通柱		⑪Ⓑ　管柱	
	柱頭金物	2階柱脚金物にて設計，通柱につき不要		2階柱脚金物にて設計 かすがい	
	β	端部　$\beta = 0.8$		端部以外　$\beta = 0.5$	
	$\beta \cdot {_1v_W}$	1階柱低減軸力 $0.8 \times 16.887 = 13.509\,\mathrm{kN}\uparrow$		$0.5 \times 16.887 = 8.443\,\mathrm{kN}\downarrow$	
	$\beta \cdot {_1V_W} = \beta \cdot {_2V_W} + \beta \cdot {_1v_W}$	$\beta \cdot {_2V_W} = $　5.536 kN　2階柱低減軸力 $\beta \cdot {_1v_W} = $ 13.509 kN　1階柱低減軸力 $\beta \cdot {_1V_W} = $ 19.045 kN↑　計		$\beta \cdot {_2V_W} = $　3.46 kN $\beta \cdot {_1v_W} = $　8.443 kN $\beta \cdot {_1V_W} = $ 11.903 kN↓	
	$_1N'$	1階柱軸方向力　400より 4.758 kN↓		7.284 kN↓	
	$F_0 = {_1N'} - \beta \cdot {_1V_W}$	4.758↓ − 19.045↑ = 14.287 kN↑（引抜）		7.284↓ − 11.903↑ = 4.619 kN↑（引抜）	
	柱脚金物	HD − 15		T字型かど金物	

なお，X方向⑥通りのように耐力壁が連続する場合には水平力による軸力は相殺されることに注意されたい（図7・3）．

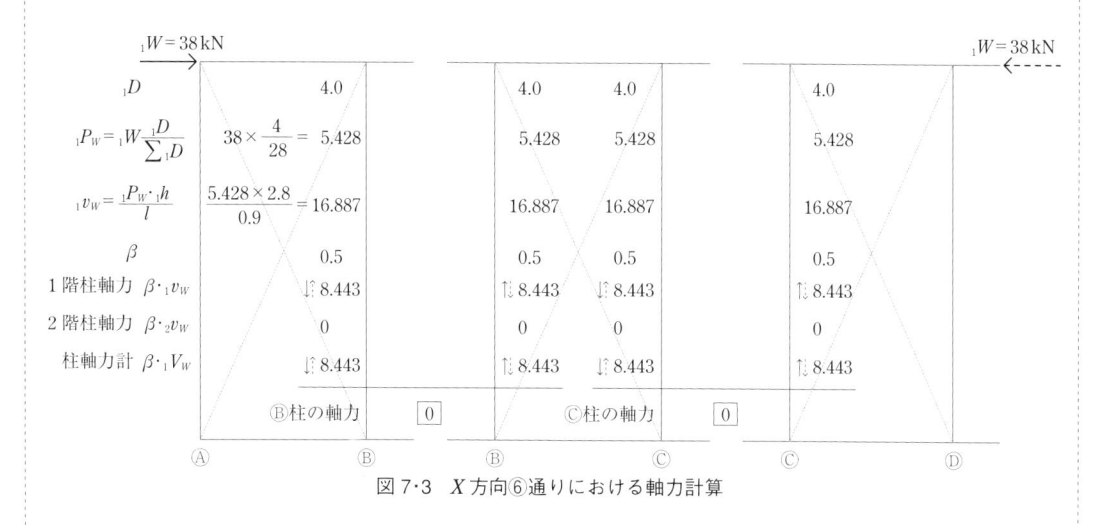

$_1W=38\,\text{kN}\rightarrow$							$_1W=38\,\text{kN}\leftarrow$
$_1D$		4.0		4.0	4.0		4.0
$_1P_W={_1W}\dfrac{_1D}{\sum{_1D}}$		$38\times\dfrac{4}{28}=$ 5.428		5.428	5.428		5.428
$_1v_W=\dfrac{_1P_W\cdot{_1h}}{l}$		$\dfrac{5.428\times2.8}{0.9}=$ 16.887		16.887	16.887		16.887
β		0.5		0.5	0.5		0.5
1階柱軸力 $\beta\cdot{_1v_W}$		↓8.443		↑8.443	↓8.443		↑8.443
2階柱軸力 $\beta\cdot{_2v_W}$		0		0	0		0
柱軸力計 $\beta\cdot{_1V_W}$		↓8.443		↑8.443	↓8.443		↑8.443
	Ⓑ柱の軸力		0	Ⓒ柱の軸力		0	
	Ⓐ	Ⓑ		Ⓑ	Ⓒ		Ⓒ Ⓓ

図7・3 X方向⑥通りにおける軸力計算

また，耐力壁が交差する柱でX方向とY方向とで異なる金物が選択される場合には，耐力の大きい方の金物を採用する．演習例では，$_1C_{⑥Ⓐ}$柱（$_1C_{Ⓐ⑥}$柱）および$_2C_{⑦Ⓐ}$柱（$_2C_{Ⓐ⑦}$柱）において，X方向については柱頭・柱脚とも「かすがい」，Y方向については柱頭・柱脚とも「L字型かど金物（CP・L）」が選択されるが，許容耐力は「かすがい＜L字型かど金物」であるので，「L字型かど金物」を採用する．

720 引抜力算定と金物設計

721 地震力による引抜力算定と金物

Y 方向 ⓐ 通り

外力方向 ← 引抜 ↑ 圧縮 ↓

Q：地震力（層せん断力）
N'：低減柱軸方向力 ↓

	④	⑤	⑥	⑦	⑧	⑨
	羽子板ボルト	L字型かど金物			かすがい	
金物 $_2D$	4.0	2.0	2.0	2.0	2.0	
$_2P_Q = _2Q \cdot \frac{_2D}{\sum_2 D}$	$31 \times \frac{4}{18.5} = 6.702$	$15 \times \frac{2}{10} = 3.0$	3.0	3.0	3.0	
$_2v_Q = \frac{P_Q \cdot _2h}{l}$	$\frac{6.702 \times 2.8}{0.9} = 20.85$	$\frac{3.0 \times 2.7}{0.9} = 9.0$	9.0	9.0	9.0	$_2h = 2.7$ m
β	0.5	0.5	0.5	0.5	0.5	
$\beta \cdot _2V_Q = \beta \cdot _2v_Q$	↑↓ 10.425	↑↓ 4.5	↑↓ 4.5	↑↓ 4.5	↑↓ 4.5	
$_2N'$	↓ 10.425	↓ 1.99	↓ 1.565	↓ 1.99	↓ 3.974	
直交壁	—	—	—	—	—	
$F_0 = _2N' - \beta \cdot _2V_Q$	↑ 6.196	↑ 2.51	↑ 2.935	↑ 2.51	↑ 0.526	
金物				⑧ $\beta \cdot _2V_Q$ より↑↓$\frac{4.5}{2}=2.25$	↑↓ $\frac{4.5}{2}=2.25$	
金物 $_1D$	4.0	4.0	4.0	4.0		
$_1P_Q = _1Q \cdot \frac{_1D}{\sum_1 D}$	6.702	6.702	6.702	6.702		
$_1v_Q = \frac{P_Q \cdot _1h}{l}$	20.85	20.85	20.85	20.85		
β	0.5	0.5	0.5	0.5		
$\beta \cdot _1v_Q$	↑↓ 10.425	↑↓ 10.425	↑↓ 10.425	↑↓ 10.425		
$\beta \cdot _1V_Q = \beta \cdot _2V_Q + \beta \cdot _1v_Q$	↑↓ 4.5+↑↓ 10.425	↑↓ 4.5+↑↓ 10.425 = ↑↓ 5.925	↑↓ 4.5+↑↓ 10.425 = ↑↓ 5.925	↑↓ 4.5+↑↓ 2.25+↑↓ 10.425 = ↑↓ 8.175		$_1h = 2.8$ m
$_1N'$	↓ 4.229	↓ 8.197	↓ 3.65	↓ 10.524		
直交壁	—	—	—	—		
$F_0 = _1N' - \beta \cdot _1V_Q$	↑ 6.196	↓ 2.272	↓ 2.275	↓ 2.349	↑ 2.25	
金物	□	※L*	L	※L*	L	

＊柱頭金物による

$l = 0.9$ m

721 地震力による引抜力算定と金物

Y 方向　Ⓓ,Ⓔ 通り

外力方向 ⟶　引抜 ↑↑　圧縮 ↓↓

Q：地震力（層せん断力）
N'：低減柱軸方向力 ↓

金物
$_2D$
$_2P_Q = _2Q \dfrac{_2D}{\sum _2D}$
$_2v_Q = \dfrac{_2P_Q \cdot _2h}{l}$
β
$\beta \cdot _2v_Q = \beta \cdot _2v_Q$
$_2N'$
直交壁
$F_0 = _2N' - \beta \cdot _2V_Q$
金物

金物
$_1D$
$_1P_Q = _1Q \dfrac{_1D}{\sum _1D}$
$_1v_Q = \dfrac{_1P_Q \cdot _1h}{l}$
β
$\beta \cdot _1v_Q$
$\beta \cdot _1V_Q = \beta \cdot _2V_Q + \beta \cdot _1v_Q$
$_1N'$
直交壁
$F_0 = _1N' - \beta \cdot _1V_Q$
金物

$l = 0.9$ m

Ⓓ通り (between ④ and ⑤):

⊤ T字型かど金物	2.5	⊤ 2.5
$31 \times \dfrac{2.5}{18.5} = 4.189$		4.189
$\dfrac{4.189 \times 2.8}{0.9} = 13.032$		13.032
0.5		0.5
↓↑6.516		↓↑6.516
↓↑6.516		↓↑6.516
↓ 2.923		↓ 2.923
—		—
↑ 3.593		↑ 3.593
⊤		⊤

Ⓔ通り (between ④ and ⑤):

L 2.0		L 2.0
$15 \times \dfrac{2}{10} = 3.0$		3.0
$\dfrac{3.0 \times 2.7}{0.9} = 9.0$		9.0
0.5		0.5
↓↑ 4.5		↓↑ 4.5
↓ 1.984		↓ 2.976
↑ 2.516		↑ 1.524
L		L

$_2h = 2.7$ m
$_1h = 2.8$ m

— 32 —

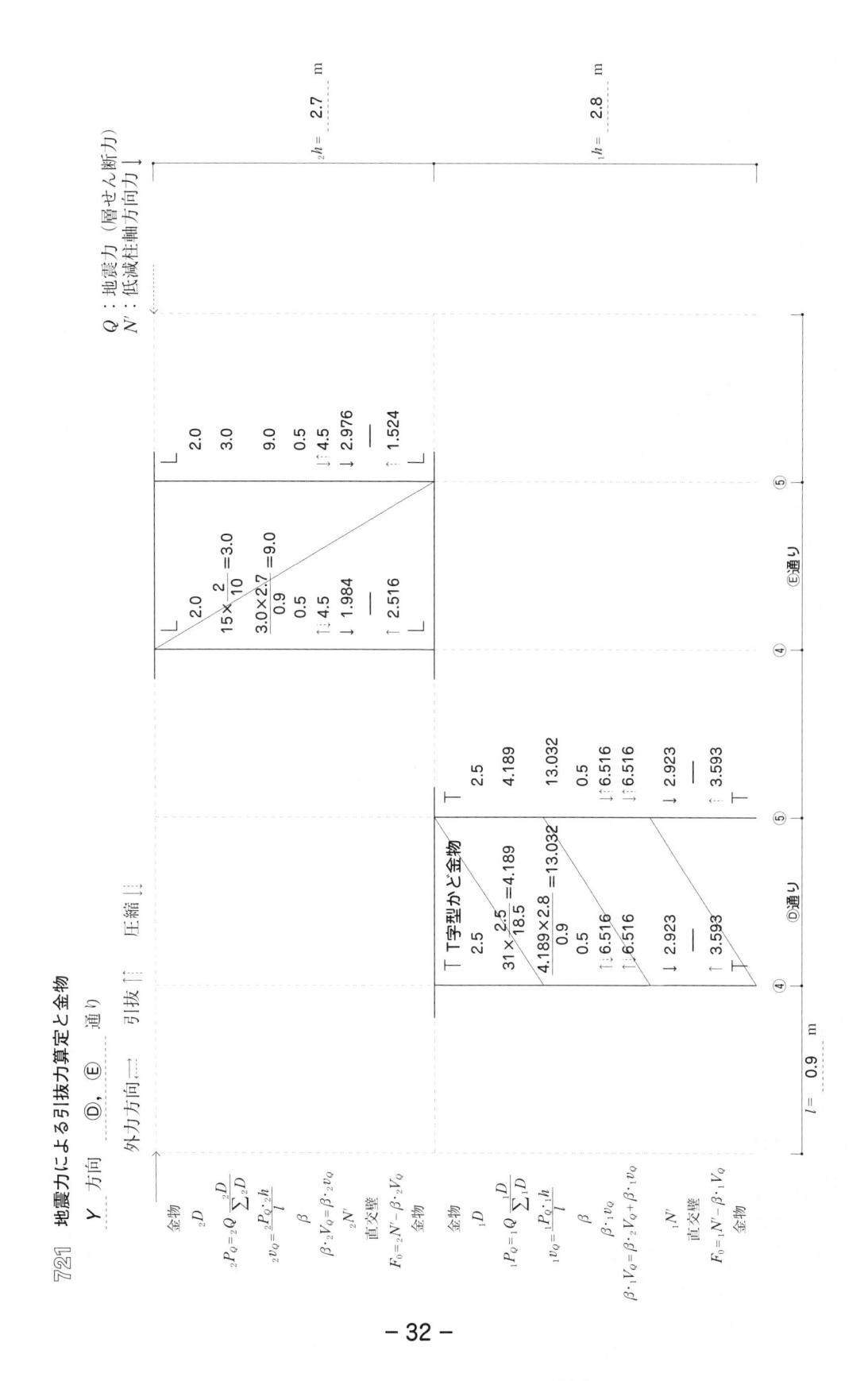

700　柱頭・柱脚の仕口金物設計　113

7.2.1 地震力による引抜力算定と金物

Y方向 ⑤通り

外力方向 →　引抜 ↑↑　圧縮 ↓↓

Q：地震力（層せん断力）
N'：低減柱軸方向力

金物		④	⑤	⑧	⑨
$_2D$		2.0	2.0	2.0	2.0
$_2P_Q = Q\dfrac{_2D}{\sum_2 D}$	$15\times\dfrac{2}{10}=3.0$	3.0	3.0	3.0	3.0
$_2v_Q = \dfrac{_2P_Q \cdot _2h}{l}$	$\dfrac{3.0\times 2.7}{0.9}=9.0$	9.0	9.0	9.0	9.0
β		0.5	0.5	0.5	0.5
$\beta \cdot _2V_Q = \beta \cdot _2v_Q$	↑↓4.5	↑↓4.5	↑↓4.5	↑↓4.5	↑↓4.5
	↓1.565	↓1.565	↓1.565	↓1.99	↓1.565
直交壁		—	—	—	—
$F_0 = {}_2N' - \beta \cdot _2V_Q$	↑2.935	↑2.935	↑2.935	↑2.51	↑2.935
金物					
$_1D$		4.0	4.0	4.0	4.0
$_1P_Q = {}_1Q\dfrac{_1D}{\sum_1 D}$	$31\times\dfrac{4}{18.5}=6.702$	6.702	6.702	6.702	6.702
$_1v_Q = \dfrac{_1P_Q \cdot _1h}{l}$	$\dfrac{6.702\times 2.8}{0.9}=20.85$	20.85	20.85	20.85	20.85
β		0.5	0.5	0.5	0.5
$\beta \cdot _1 v_Q$	↑↓10.425	↑↓10.425	↑↓10.425	↑↓10.425	↑↓10.425
$\beta \cdot _1V_Q = \beta \cdot _2V_Q + \beta \cdot _1v_Q$	↑↓4.5+↑↓10.425 =↑↓14.925	↑↓4.5+↑↓10.425 =↑↓14.925	↑↓4.5+↑↓10.425 =↑↓14.925	↑↓4.5+↑↓10.425 =↑↓14.925	↑↓4.5+↑↓10.425 =↑↓14.925
	↓3.209	↓3.65		↓5.136	↓5.253
$_1N'$					
直交壁					
$F_0 = {}_1N' - \beta \cdot _1V_Q$	↑11.716	↑11.275		↑9.789	↑9.672
金物	HD−15	HD−15		HD−10	HD−10

$_2h = 2.7$ m
$_1h = 2.8$ m
$l = 0.9$ m

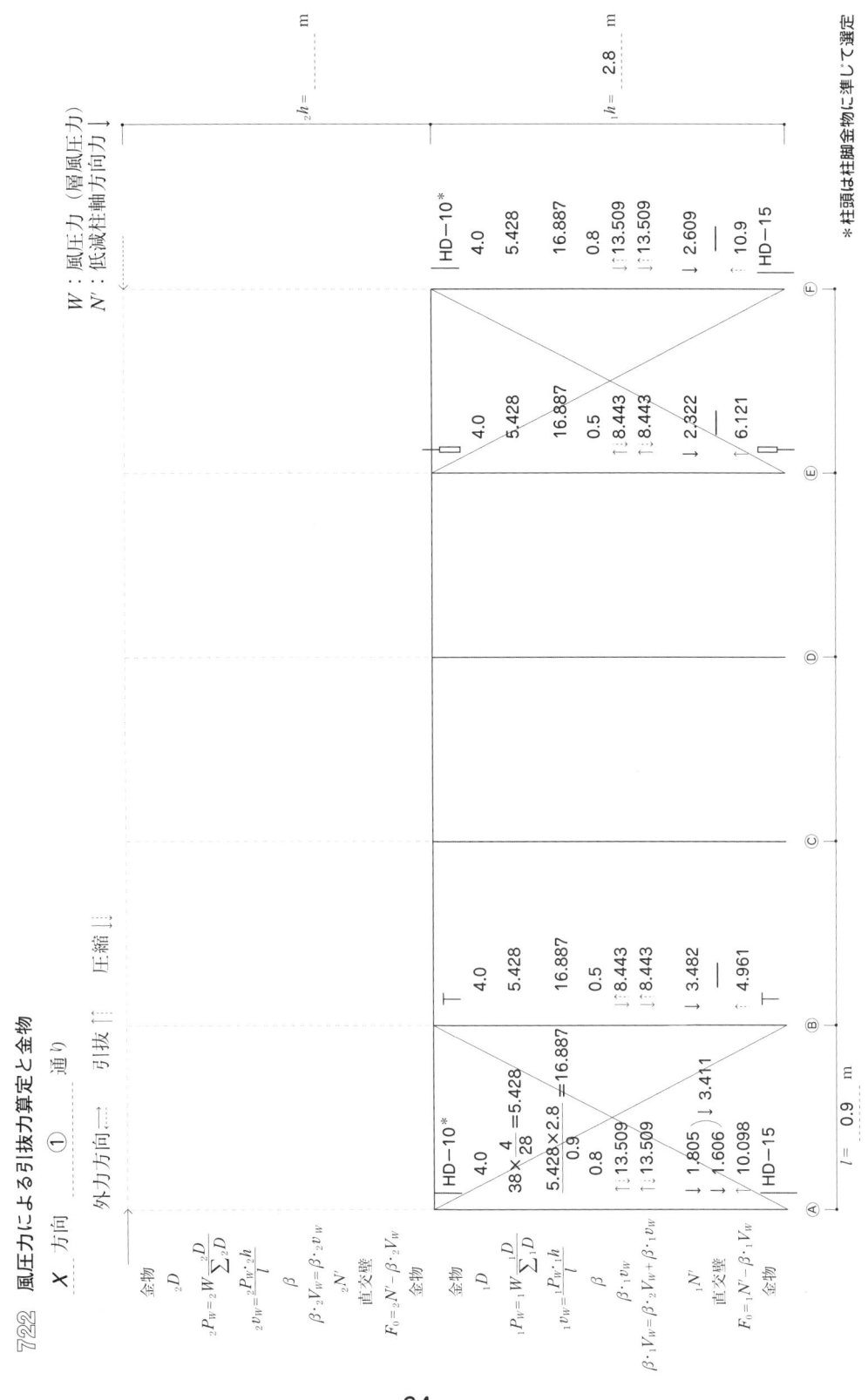

7.2.2 風圧力による引抜力算定と金物

X 方向　　①　通り

外力方向 →　引抜 ↑↑　圧縮 ↓↓

W：風圧力（層風圧力）
N'：低減柱軸方向力 ↓

	A通り	B通り	E通り	F通り
金物	HD−10*	T		HD−10*
$_1D$	4.0	4.0	4.0	4.0
$_1P_W = {}_1W \cdot \dfrac{_1D}{\sum_1 D}$	$38 \times \dfrac{4}{28} = 5.428$	5.428	5.428	5.428
$_1v_W = \dfrac{_1P_W \cdot _1h}{l}$	$\dfrac{5.428 \times 2.8}{0.9} = 16.887$	16.887	16.887	16.887
β	0.8	0.5	0.5	0.8
$\beta \cdot _1v_W$	↑13.509	↑8.443	↑8.443	↑13.509
$\beta \cdot _1V_W = \beta \cdot _2v_W + \beta \cdot _1v_W$	↑13.509	↑8.443	↑8.443	↑13.509
$_1N'$	↓1,805 ↓1,606	↓3,482	↓2,322	↓2,609
直交壁	↑3.411	—	—	—
$F_0 = {}_2N' - \beta \cdot _1V_W$	10.098	↑4.961	6.121	10.9
金物	HD−15	T		HD−15

$l = 0.9$ m　　　$_1h = 2.8$ m　　$_2h = \underline{\qquad}$ m

＊柱頭は柱脚金物に準じて選定

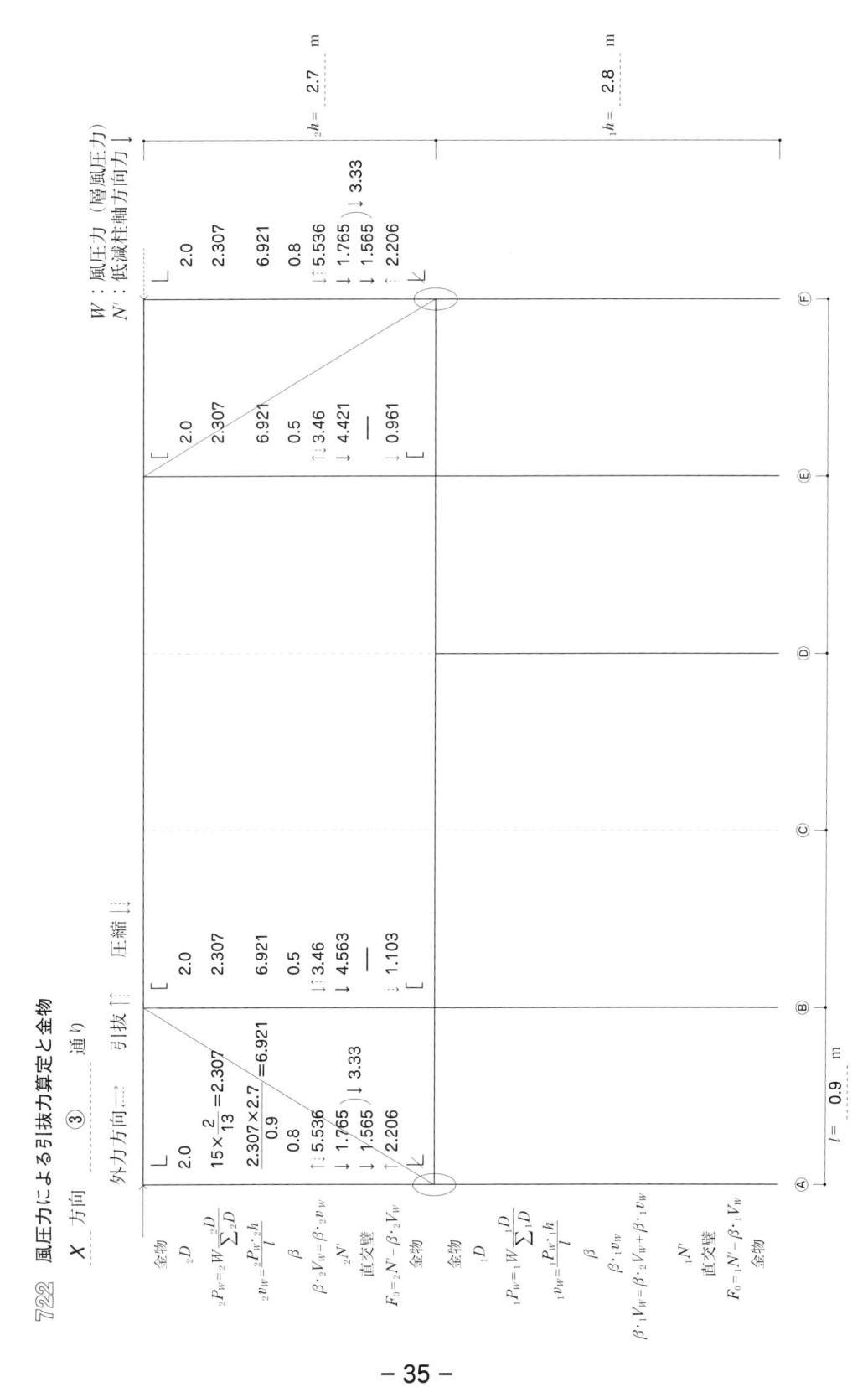

7.2.2 風圧力による引抜力算定と金物

X 方向　　③ 通り

外力方向 →　引抜 ↑↑　圧縮 ↓↓

W : 風圧力（層風圧力）
N' : 低減柱軸方向力 ↓

$_2h = 2.7$ m
$_1h = 2.8$ m
$l = 0.9$ m

A通り:
- 金物 $\llcorner$
- $_2D$: 2.0
- $_2P_W = _2W \cdot \dfrac{_2D}{\sum _2D}$: $15 \times \dfrac{2}{13} = 2.307$
- $_2v_W = \dfrac{_2P_W \cdot _2h}{l}$: $\dfrac{2.307 \times 2.7}{0.9} = 6.921$
- β : 0.8
- $\beta \cdot _2V_W = \beta \cdot _2P_W \cdot _2v_W$: ↑↑ 5.536 ／ ↓ 1.765 （↓ 1.565） ↓ 3.33
- $_2N'$: ↓ 2.206
- 直交壁 : —
- $F_0 = _2N' - \beta \cdot _2V_W$
- 金物 $\llcorner$

- $_1D$: 2.0
- $_1P_W = _1W \cdot \dfrac{_1D}{\sum _1D}$: 2.307
- $_1v_W = \dfrac{_1P_W \cdot _1h}{l}$: 6.921
- β : 0.8
- $\beta \cdot _1v_W$
- $\beta \cdot _1V_W = \beta \cdot _2V_W + \beta \cdot _1v_W$: ↑↑ 5.536 ／ ↓ 1.765 ↓ 1.565 ↓ 3.33
- $_1N'$: ↓ 2.206
- 直交壁
- $F_0 = _1N' - \beta \cdot _1V_W$
- 金物 $\llcorner$

B通り:
- 金物 $\llcorner$
- 2.0
- 2.307
- 6.921
- 0.5
- ↑↑ 3.46 ／ ↓ 4.563
- —
- ↓ 1.103
- $\llcorner$

E通り:
- $\llcorner$
- 2.0
- 2.307
- 6.921
- 0.5
- ↑↑ 3.46 ／ ↓ 4.421
- —
- ↓ 0.961
- $\llcorner$

F通り:
- $\llcorner$
- 2.0
- 2.307
- 6.921
- 0.8
- ↑↑ 5.536 ／ ↓ 1.765 （↓ 1.565） ↑ 3.33
- ↑ 2.206
- $\llcorner$

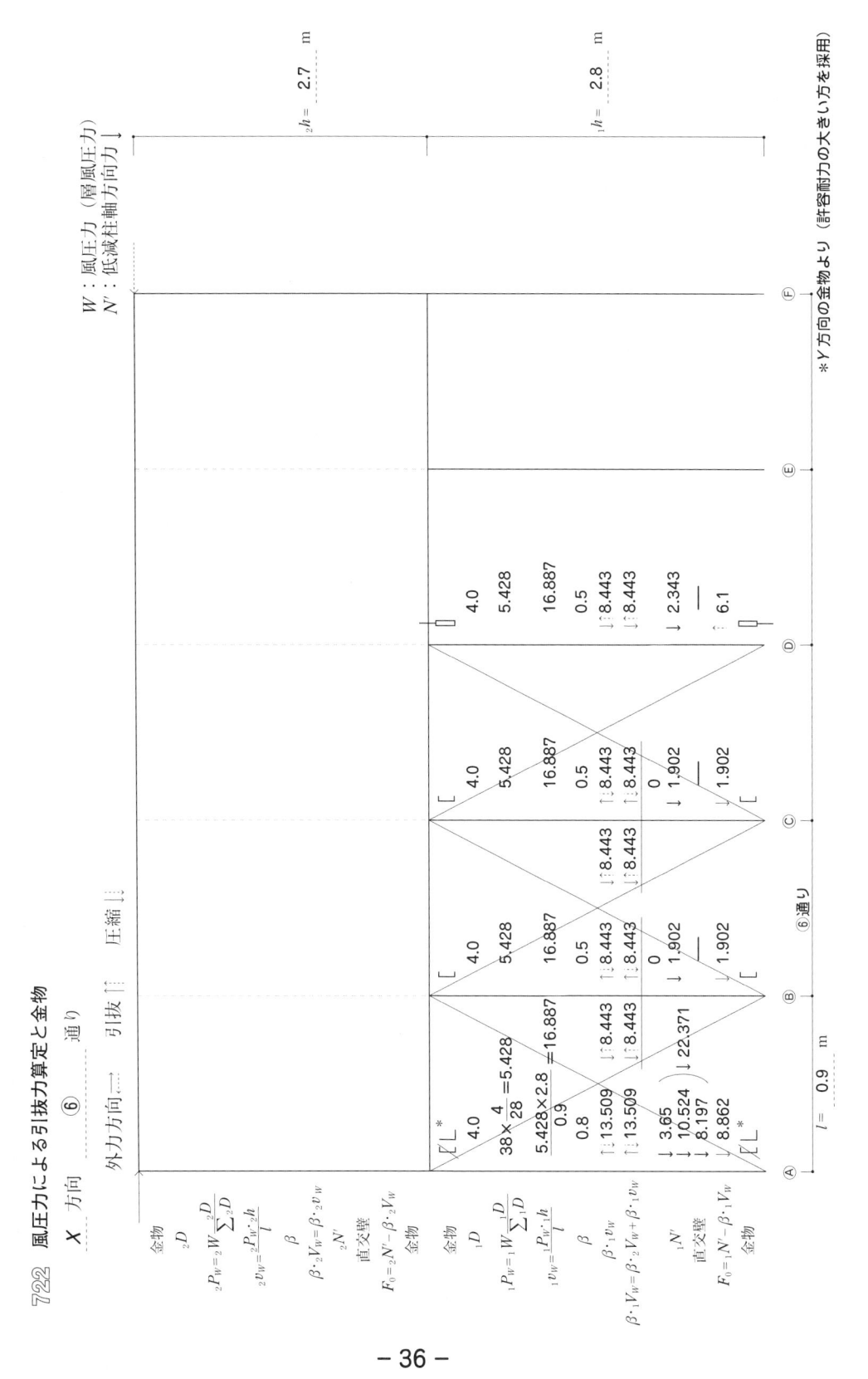

7.2.2 風圧力による引抜力算定と金物

X 方向　⑥ 通り

外力方向 ⟶　引抜 ↑↓　圧縮 ↓↑

W：風圧力（層風圧力）
N'：低減柱軸方向力 ↓

*Y 方向の金物より（許容耐力の大きい方を採用）

$_2h = 2.7$ m　　$_1h = 2.8$ m　　$l = 0.9$ m

金物		ⒶL*					
$_2D$		4.0	4.0		4.0		4.0
$_2P_W = {_2W} \sum {_2D}$		5.428	5.428		5.428		5.428
		$38 \times \frac{4}{28} = 5.428$					
$_2v_W = \frac{{_2P_W} \cdot {_2h}}{l}$		16.887	16.887		16.887		16.887
		$5.428 \times 2.8 = 16.887$					
β		0.9	0.5		0.5		0.5
$\beta \cdot {_2v_W}$		↑↓8.443 ↑↓8.443	↑↓8.443 ↑↓8.443		↑↓8.443 ↑↓8.443		↑↓8.443 ↑↓8.443
$_2N'$		↓22.371	↓1.902		0		↓2.343
直交壁					↓1.902		
$F_0 = {_2N'} - \beta \cdot {_2v_W}$			1.902		1.902		6.1
金物							

金物		ⒶL*					
$_1D$		0.8					
$_1P_W = {_1W} \sum {_1D}$		↑↓13.509 ↑↓13.509					
$_1v_W = \frac{{_1P_W} \cdot {_1h}}{l}$							
β							
$\beta \cdot {_1v_W}$		↓3.65 ↓10.524 ↓8.197					
$_1N'$							
直交壁							
$\beta \cdot {_2V_W} + \beta \cdot {_1v_W}$							
$F_0 = {_1N'} - \beta \cdot {_1V_W}$		8.862					
金物		ⒶL*					

Ⓐ　Ⓑ　Ⓒ　Ⓓ　Ⓔ　Ⓕ

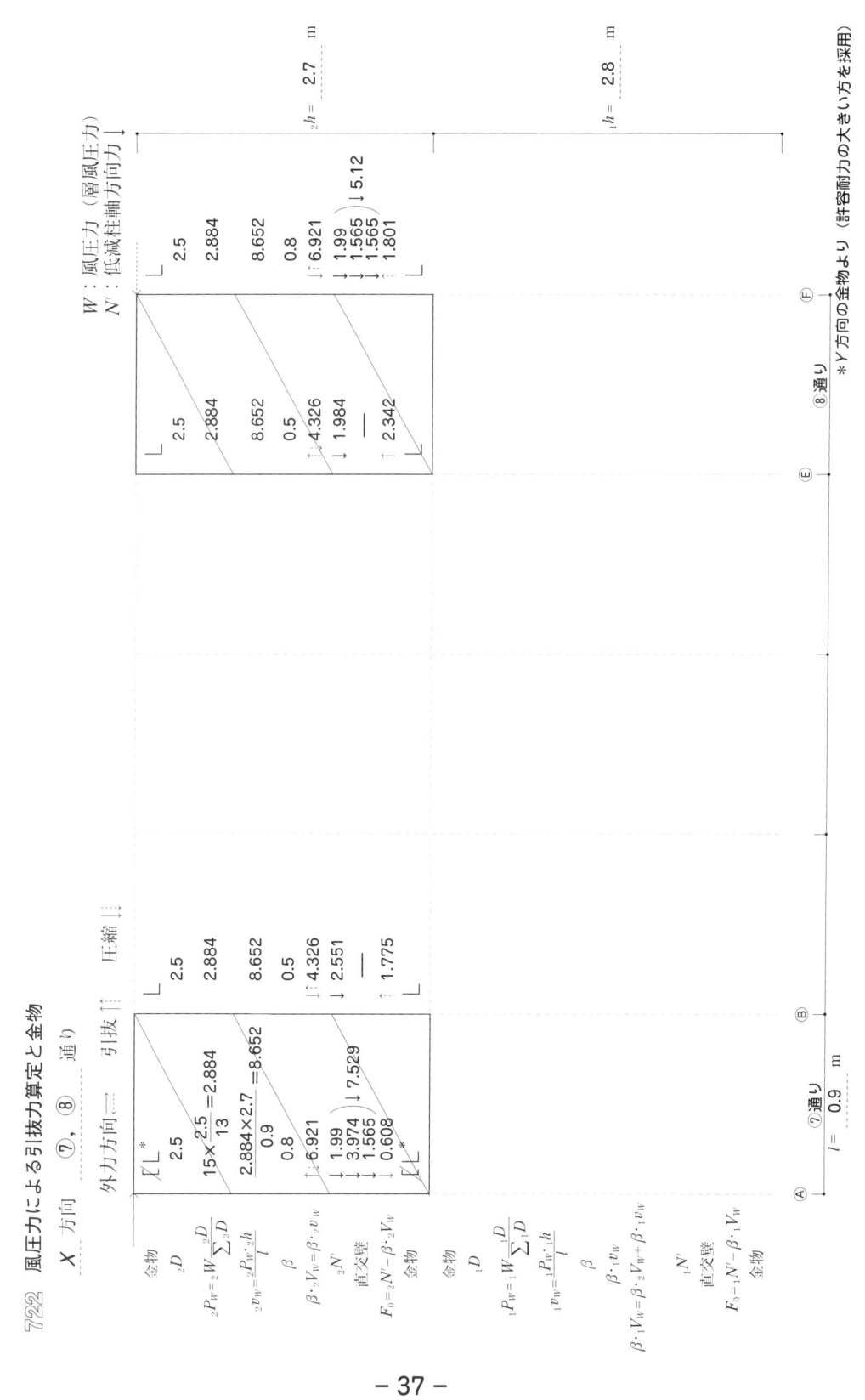

7.2.2 風圧力による引抜力算定と金物

X方向 ⓐ, ⑧ 通り

W：風圧力（層風圧力）
N'：低減柱軸方向力↓

外力方向 →　引抜↑↓圧縮

金物　　　　　　　$_2D$　　　　　　　2.5
$_2P_W = _2W \cdot \dfrac{_2D}{\sum _2D}$　　$\dfrac{15 \times 2.5}{13} = 2.884$　　2.884
$_2v_W = \dfrac{_2P_W \cdot _2h}{l}$　　$\dfrac{2.884 \times 2.7}{0.9} = 8.652$　　8.652
β　　　　　　　　0.8　　　　　　　0.5
β・$_2V_W = β・_2v_W$　　↑ 6.921　　↓ 4.326
　　　　　　　　↓ 1.99　↓ 3.974　↓ 1.565　↓ 2.551
直交壁
$_2N'$　　　　　　　0.608　　　　　—
金物
$F_0 = _2N' - β・_2V_W$　　↑* ↓ 7.529　↑ 1.775

ⓐ　　　　　　　　　ⓑ
ⓐ通り　$l = 0.9$ m

金物　　　　　　　$_1D$　　　　　　　2.5　　　　2.5
$_1P_W = _1W \cdot \dfrac{_1D}{\sum _1D}$　　　　　　　2.884　　2.884
$_1v_W = \dfrac{_1P_W \cdot _1h}{l}$　　　　　　　　8.652　　8.652
β　　　　　　　　　　　　　　　　0.5　　　　0.8
β・$_1V_W = β・_1v_W$　　　　　　↓ 4.326　↑ 6.921
　　　　　　　　　　　　↓ 1.984　↓ 1.565　↓ 1.99　↓ 5.12
　　　　　　　　　　　　　　　　　　　　　↓ 1.565
$_1N'$
直交壁
金物
$F_0 = _1N' - β・_1V_W$　　　　　↑ 2.342　↑ 1.801

ⓔ　　　　　　　　　ⓕ
⑧通り　　　　　　　$_2h = 2.7$ m
　　　　　　　　　　$_1h = 2.8$ m

*Y方向の金物より（許容耐力の大きい方を採用）

722 風圧力による引抜力算定と金物

X 方向　⑪ 通り

W：風圧力（層風圧力）
N'：低減柱軸方向力 ↓

外力方向 ⇄　引抜 ↑　圧縮 ↓

記号	A	B	E	F
金物	L	L	L	L
$_2D$	2.0	2.0	2.0	2.0
$_2P_W = {}_2W \cdot \dfrac{_2D}{\sum _2D}$	$15 \times \dfrac{2}{13} = 2.307$	2.307	2.307	2.307
$_2v_W = \dfrac{_2P_W \cdot {}_2h}{l}$	$\dfrac{2.307 \times 2.7}{0.9} = 6.921$	6.921	6.921	6.921
β	0.8	0.5	0.5	0.8
$\beta \cdot {}_2v_W$	↕5.536	↕3.46	↕3.46	↕5.536
$\beta \cdot {}_2V_W = \beta \cdot {}_2v_W$	↓1.765 (↑1.565) ↓3.33	↓5.13	↓5.13	↓1.765 (↑1.565) ↓3.33
$_2N'$				
直交壁				
$F_0 = {}_2N' - \beta \cdot {}_2V_W$	↓2.206	↓1.67	↓1.67	↓2.206

記号	A	B	E	F
金物	L	L	L	L
$_1D$	4.0	4.0	4.0	4.0
$_1P_W = {}_1W \cdot \dfrac{_1D}{\sum _1D}$	$38 \times \dfrac{4}{28} = 5.428$	5.428	5.428	5.428
$_1v_W = \dfrac{_1P_W \cdot {}_1h}{l}$	$\dfrac{5.428 \times 2.8}{0.9} = 16.887$	16.887	16.887	16.887
β	0.8	0.5	0.5	0.8
$\beta \cdot {}_1v_W$	↕13.509	↕8.443	↕8.443	↕13.509
$\beta \cdot {}_1V_W = \beta \cdot {}_2V_W + \beta \cdot {}_1v_W$	↕5.536+↕13.509 =↕19.045	↕3.46+↕8.443 =↕11.903	↕3.46+↕8.443 =↕11.903	↕5.536+↕13.509 =↕19.045
$_1N'$	↓4.758	↓7.284	↓7.284	↓4.758
直交壁	—	—	—	—
$F_0 = {}_1N' - \beta \cdot {}_1V_W$	↑14.287	↑4.619	↑4.619	↑14.287
金物	HD−15	T	T	HD−15

$l = 0.9$ m　　$_2h = 2.7$ m　　$_1h = 2.8$ m

800 基礎の設計

　平12建告1347［建築物の基礎の構造方法及び構造計算の基準を定める件］において，地盤の長期許容応力度fに応じた基礎の選定基準が示されている．

　　　　　$f < 20\ \text{kN/m}^2$ …… 杭基礎
　　　$20\ \text{kN/m}^2 \leqq f < 30\ \text{kN/m}^2$ …… べた基礎または杭基礎
　　　$30\ \text{kN/m}^2 \leqq f$　　　　　　…… 布基礎，べた基礎または杭基礎

　木造住宅の基礎は，良好な地盤においては直接基礎であるべた基礎が主流である．

　軟弱な地盤では，地盤改良を行った上でべた基礎とする．また，支持地盤が深い場合には，布基礎として，鋼管杭・RC杭等で支持する．

　本書では，最も一般的に採用されているべた基礎の設計方法について示す．布基礎の設計方法に関しては『実務から見た木造構造設計』（上野嘉久著／学芸出版社）を参照されたい．

810 べた基礎の設計

【a】構造方法

　べた基礎の構造方法が，平12建告1347に示されている．以下に，木造住宅の基礎に関係する規定を示す（図8・1）．

①一体の鉄筋コンクリート造とする
②建築物の土台の下には，連続した立上り部分を設ける
③立上り部分の高さ$H_2 \geqq 30\ \text{cm}$（地上部分），厚さ$b \geqq 12\ \text{cm}$，底盤の厚さ$t \geqq 12\ \text{cm}$

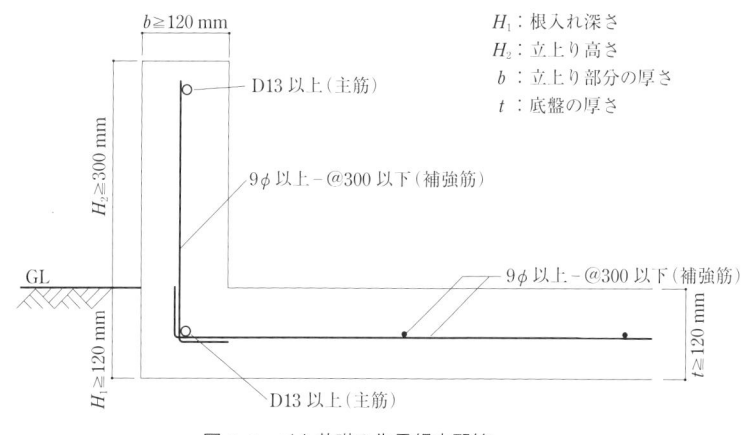

図8・1　べた基礎の告示規定配筋

④根入れ深さ $H_1 \geqq 12$ cm（基礎の底部を雨水等の影響を受けるおそれのない密実で良好な地盤に達したものとした場合を除く）かつ凍結深度以上（雪国）

⑤鉄筋コンクリート造の基準

 イ 立上り部分の主筋は，径 12 mm 以上の異形鉄筋を上端および下端に 1 本以上配置，かつ補強筋と緊結

 ロ 立上り部分の補強筋（縦筋）は，径 9 mm 以上，間隔 30 cm 以下

 ハ 底盤の補強筋は，径 9 mm 以上，間隔縦横 30 cm 以下

 ニ 換気口周辺に径 9 mm 以上の補強筋

なお，住宅金融公庫『木造住宅工事共通仕様書』には「1 階の床下地面は，建物周囲の地盤より 50 mm 以上高くする」と示されている．告示では根入れ深さ $H_1 \geqq 12$ cm と規定されているので，両者を満たすスラブの最小厚さは 170 mm となる．

【b】設計手順

[1] 設計条件

・コンクリートは，設計基準強度 $F_c = 18$ N/mm² の普通コンクリートを採用する．

・鉄筋は，異形鉄筋 SD295 を使用する．

・建物重量は，**351** 地震力のための建物重量算定における基礎用を用いる．

[2] 基礎底面積と地反力の算定

べた基礎は全底面基礎であり，壁心で計算した底面積により設計を行う．

スラブ配筋設計用の地反力（単位面積あたりの荷重）は，下式により求められる．

$$\sigma_e' = \frac{\Sigma N'}{A} = w$$

 σ_e' ：地反力 [kN/m²]

 $\Sigma N'$：建物重量（基礎自重は含まない）[kN]

 A ：基礎底面積 [m²]

 w ：単位面積あたりの荷重 [kN/m²]

[3] 接地圧の算定

基礎自重を含めた全重量を基礎スラブ底面積で除した値＝接地圧が，地耐力以下であるかを確認する．基礎自重は，外周基礎，内部基礎，底盤の重量を合計して求められる．

$$\sigma_e = \frac{\Sigma N}{A} \leqq f_e$$

 σ_e ：接地圧 [kN/m²]

 ΣN：基礎自重＋建物重量 [kN]

 A ：基礎底面積 [m²]

 f_e ：地耐力＝地盤の許容応力度 [kN/m²]

[4] 基礎スラブ筋の設計

スラブ応力を算定し，その算定値をもとにスラブ筋の必要鉄筋間隔を求める．べた基礎のスラブ厚さ t は，通常 170 mm または 200 mm を採用する．

①スラブ応力の算定

日本建築学会『鉄筋コンクリート構造計算規準・同解説』の9条「長方形スラブ」に示されている算定式による（M_x，M_y は単位幅についての曲げモーメントである）．算定に用いる単位面積あたりの荷重 w は，スラブ配筋設計用の地反力 σ_e' を用いる．

短辺方向　$M_x = -\dfrac{1}{12} w_x \cdot l_x^2$

長辺方向　$M_y = -\dfrac{1}{24} w \cdot l_x^2$

l_x：短辺スパン [m]

l_y：長辺スパン [m]

w：単位面積あたりの荷重（＝地反力 σ_e'）[kN/m²]

w_x：短辺 x 方向の荷重 [kN/m²]

$$w_x = \dfrac{l_y^4}{l_x^4 + l_y^4} w$$

②必要鉄筋間隔の算定

スラブ筋の必要鉄筋間隔 s は，下式による（SD295 の場合）．

基本式　$s = \dfrac{10^3 \times a_t \times 171 d}{M \times 10^6}$

D10（$a_t = 71$ mm²）の場合　$s = \dfrac{12 d}{M}$

D13（$a_t = 127$ mm²）の場合　$s = \dfrac{21 d}{M}$

s：鉄筋間隔 [mm]

a_t：鉄筋断面積 [mm²]

d：スラブの有効せい [mm]

　　$d = t -$ かぶり寸法　t：スラブ厚 [mm]

M：曲げモーメント [kN・m]

5 基礎梁の設計

梁応力を算定し，曲げモーメントより主筋，せん断力より補強筋の設計を行う．

①基礎梁せいの取り方

・外周基礎梁：基礎梁せい D は，根入れ深さ H_1 を加えた値（図 8・2（a））

・内部基礎梁：基礎梁せい D は，①根入れ深さ H_1 を加えた梁せい（図 8・2（b））

　　　　　　　　　　　　　　　②根入れ深さ H_1 を加えない梁せい（図 8・2（c））

②応力算定

荷重負担範囲の形状に応じて，表 8・1 の算定式により各応力を求める．その際に用いる単位長さあたりの荷重 w' は，下式にて計算する．

$w' = w \cdot h$

w'：計算上の荷重 [kN/m]

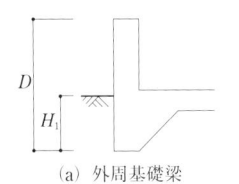

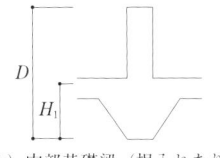

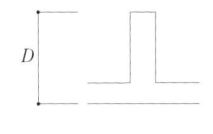

(a) 外周基礎梁　　(b) 内部基礎梁（根入れあり）　　(c) 内部基礎梁（根入れなし）

図 8·2　べた基礎の梁せい D

表 8·1　基礎梁応力計算式

荷重負担範囲	(台形分布, 底辺 l, 高さ h, a)	(三角形分布, $h = l/2$)	(等分布, 長さ l, 高さ h)
両端固定の固定端モーメント C	$C = \dfrac{w'}{12l}(l^3 - 2a^2 \cdot l + a^3)$	$C = \dfrac{5}{96} w' \cdot l^2$	$C = \dfrac{w' \cdot l^2}{12}$
単純梁の中央曲げモーメント M_0	$M_0 = \dfrac{w'}{24}(3l^2 - 4a^2)$	$M_0 = \dfrac{w' \cdot l^2}{12}$	$M_0 = \dfrac{w' \cdot l^2}{8}$
せん断力 Q	$Q = \dfrac{l-a}{2} w'$	$Q = \dfrac{w' \cdot l}{4}$	$Q = \dfrac{w' \cdot l}{2}$

w：単位面積あたりの荷重（＝地反力 σ_e'）[kN/m²]

h：表 8·1 参照 [m]

③ 設計応力の算定

梁の連続性によって応力が異なる．図 8·3 により算定する（日本建築学会『鉄筋コンクリート構造計算規準・同解説』より）．

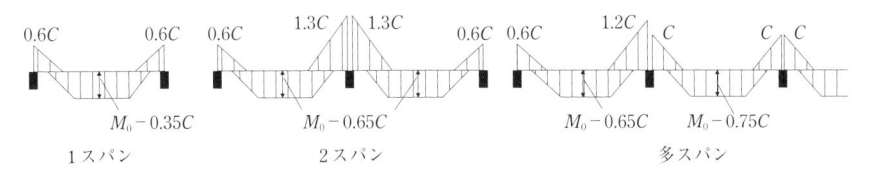

1 スパン：両端 $0.6C$，中央 $M_0 - 0.35C$

2 スパン：外端 $0.6C$，中間支点 $1.3C$，中央 $M_0 - 0.65C$

多スパン：外端 $0.6C$，第1中間支点 $1.2C$，内部支点 C，中央 $M_0 - 0.65C$，$M_0 - 0.75C$

図 8·3　基礎梁の曲げモーメント

④ 断面算定

・曲げモーメントに対して（主筋断面積の算定）

$$a_t = \dfrac{M}{f_t \cdot j} \quad \rightarrow \quad \text{付 1 より主筋を決める}$$

a_t ：必要主筋断面積［mm²］

M ：梁の曲げモーメント［N·mm］

f_t ：主筋の許容引張り応力度［N/mm²］

j ：応力中心距離［mm］　$j = \dfrac{7}{8}d$

d ：梁の有効せい［mm］　$d = D -$ かぶり寸法　D ：梁せい［mm］

なお，端部と中央では，かぶり寸法（鉄筋心までの寸法）が相違するため応力中心距離 j が異なるが（図8·4），本書では安全側にかぶり寸法 70 mm にて設計する．

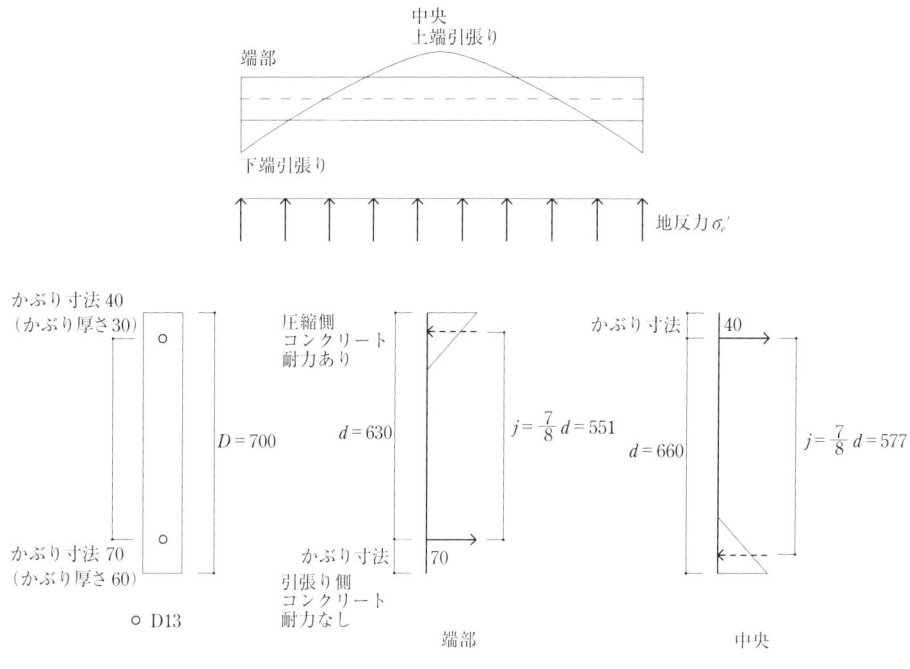

図8·4　基礎梁の応力

・せん断力に対して（補強筋の算定）

$$\tau = \dfrac{Q}{b \cdot j} \leqq f_s$$

τ ：梁のせん断応力度［N/mm²］

Q ：梁のせん断力［N］

b ：梁幅［mm］

j ：応力中心距離［mm］

f_s ：コンクリートの許容せん断応力度［N/mm²］

構造計算書演習例 p. 39

● 810 解説 ── べた基礎設計の順序とポイント

1 設計条件（図 8・5）

- 通常，木造の基礎には設計基準強度 $F_c = 18\,\text{N/mm}^2$ の普通コンクリートを採用する．
  133 より　長期許容応力度　圧縮 $f_c = 6\,\text{N/mm}^2$　せん断 $f_s = 0.6\,\text{N/mm}^2$
- 鉄筋には異形鉄筋 SD295（基準強度 $F = 295\,\text{N/mm}^2$）を使用する．
  132 より　長期許容応力度　引張り $f_t = 195\,\text{N/mm}^2$
- 建物重量（基礎自重含まず）　351 より　基礎用　$\Sigma N' = 266\,\text{kN}$
- 基礎立上り高さは，べた基礎コンクリート面より1階床面までの高さが 400〜450 mm 程度確保される高さとする．演習例では $H_2 = 350\,\text{mm}$ として設計する．
- 厚さは土台寸法 105 mm × 105 mm を考慮して，$b = 120\,\text{mm}$ とする．
- スラブ厚さは $t = 170\,\text{mm}$ を採用．令79条の規定により，かぶり厚さを 60 mm とし，かぶり寸法は 70 mm にて設計する．

図 8・5　基礎伏図

800　基礎の設計

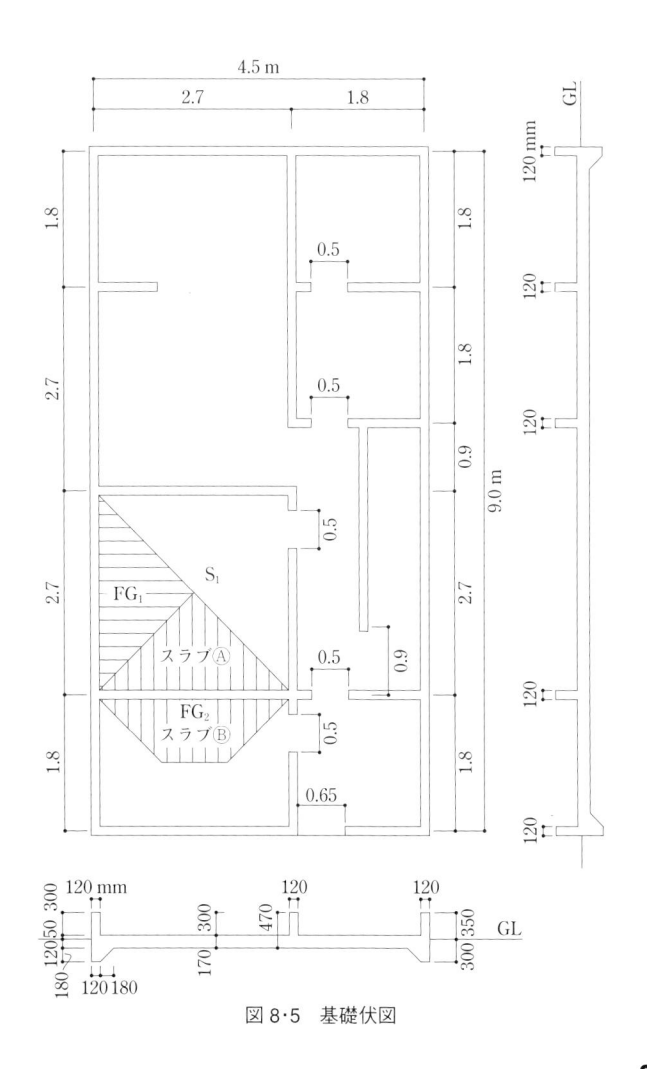

- スラブ筋の定着長さを確保するために45°のハンチ（幅180 mm）を設ける．したがって，根入れ深さ H_1 は，地盤面からスラブ下面までの高さ120 mm にハンチ高さ180 mm を加えた300 mm となる．
- 地耐力　134 より　$f_e = 20$ kN/m^2 の粘土質地盤にて設計

2 基礎底面積と地反力の算定

べた基礎の底面積 A は，建物壁心にて計算する．

$A = 4.5$ m $\times 9$ m $= 40.5$ m^2

スラブ配筋設計用の荷重（地反力）w は，基礎自重を含まない建物重量 $\Sigma N'$ を基礎底面積で除して求められる．

$$w = \frac{\Sigma N'}{A} = \frac{266 \text{ kN}}{40.5 \text{ m}^2} = 6.567 \text{ kN/m}^2 \rightarrow 6.6 \text{ kN/m}^2$$

3 接地圧の算定

基礎自重を含めた建物全重量 ΣN を基礎底面積 A で除して地盤に作用する接地圧 σ_e を算定し，その値が地耐力 $f_e = 20$ kN/m^2 以下であることを確認する．

建物全重量 ΣN は，建物重量 $\Sigma N'$ に基礎自重 W_f を加えた値である．基礎自重は，外周基礎（立上り部分およびハンチ），内部基礎（立上り部分），底盤の3つの部分の重量の和として求める．

外周基礎重量

$$W_1 = \left\{\left(\underbrace{0.12 \text{ m} \times 0.65 \text{ m} + \frac{0.18 \text{ m} \times 0.18 \text{ m}}{2}}_{\text{外周基礎断面積}}\right) \times \underbrace{(4.5 \text{ m} \times 2 + 9 \text{ m} \times 2)}_{\text{外周基礎長さ}} - \underbrace{0.12 \text{ m} \times 0.3 \text{ m} \times 0.65 \text{ m}}_{\text{人通口による欠損部分体積}}\right\} \times \underbrace{24 \text{ kN/m}^3}_{\substack{\text{鉄筋コンクリート}\\\text{の単位体積重量}}}$$

$= 60$ kN

内部基礎重量

$$W_2 = \underbrace{(0.12 \text{ m} \times 0.3 \text{ m})}_{\text{内部基礎断面積}} \times \underbrace{(1.8 \text{ m} \times 3 + 0.9 \text{ m} + 2.7 \text{ m} \times 2 + 1.8 \text{ m} + 2.7 \text{ m} + 1.8 \text{ m} + 1.8 \text{ m} + 2.7 \text{ m} - 0.5 \text{ m} \times 5)}_{\text{内部基礎長さ}} \times 24 \text{ kN/m}^3$$

$= 17$ kN

底盤重量　$W_3 = \underbrace{0.17 \text{ m}}_{\text{スラブ厚さ }t} \times \underbrace{40.5 \text{ m}^2}_{\text{底面積 }A} \times 24 \text{ kN/m}^3 = 165$ kN

基礎自重　$W_f = W_1 + W_2 + W_3 = 60$ kN $+ 17$ kN $+ 165$ kN $= 242$ kN

建物全重量　$\Sigma N = \Sigma N' + W_f = 266$ kN $+ 242$ kN $= 508$ kN

接地圧　$\sigma_e = \dfrac{\Sigma N}{A} = \dfrac{508 \text{ kN}}{40.5 \text{ m}^2} = 12.543$ kN/m$^2 < f_e = 20$ kN/m$^2 \rightarrow$ OK

4 基礎スラブ筋の設計

面積が最大である S_1 スラブ（短辺スパン $l_x = 2.7$ m，長辺スパン $l_y = 2.7$ m）のスラブ筋を設計する．

鉄筋間隔の算定に用いるスラブ有効せい d は，スラブ厚 t からかぶり寸法 70 mm を引いた値である．

800　基礎の設計

810　べた基礎の設計

1 設計条件
- コンクリート　普通　　$F_c =$ 18 N/mm²　$f_c =$ 6 N/mm²　$f_s =$ 0.6 N/mm²
- 鉄筋　SD295　　$F =$ 295 N/mm²　$f_t =$ 195 N/mm²
- 建物重量（基礎自重含まず）$\Sigma N' =$ 266 kN
- 基礎立上り高さ　$H_2 =$ 350 mm
- 　　　　厚さ　$b =$ 120 mm
- スラブ厚さ　$t =$ 170 mm　　かぶり寸法　70 mm
- 根入れ深さ　$H_1 =$ 300 mm
- 地耐力　$f_e =$ 20 kN/m²　　粘土質地盤

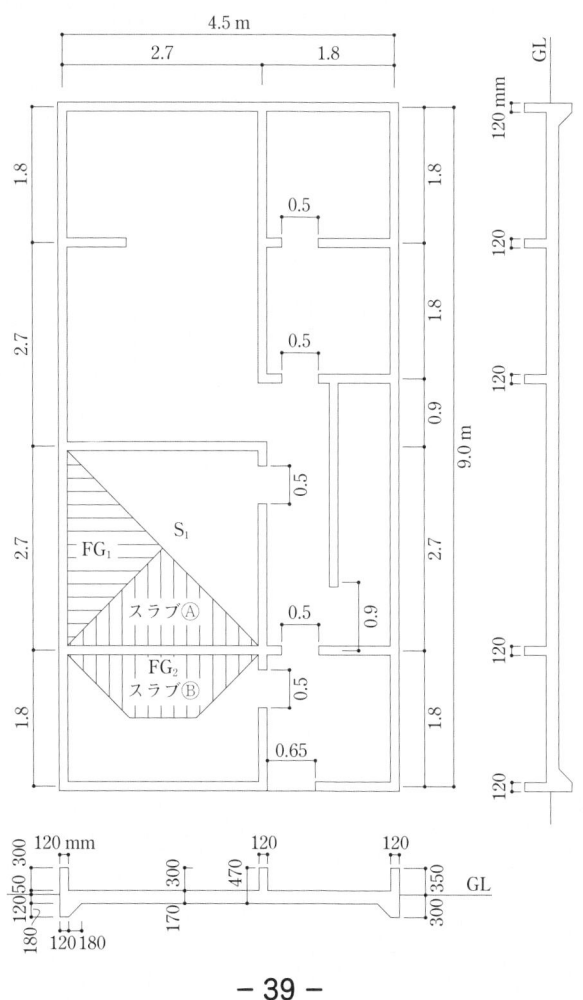

$$d = t - 70 \text{ mm} = 170 \text{ mm} - 70 \text{ mm} = 100 \text{ mm}$$

公式により短辺方向の単位荷重を求める．

$$w_x = \frac{l_y^4}{l_x^4 + l_y^4} w = \frac{2.7^4}{2.7^4 + 2.7^4} \times 6.6 \text{ kN/m}^2 = 3.3 \text{ kN/m}^2$$

短辺方向，長辺方向それぞれについて作用する曲げモーメント（単位幅あたり）を算定し，その値に基づいて鉄筋間隔を求める．下記のように，実際には端部と中央部に作用する曲げモーメントの算定式は異なるが，計算では大きい値となる両端部における算定式を採用し，端部，中央部とも同じモーメントが作用するものとして設計を行う．

短辺方向の曲げモーメント

両端部最大負曲げモーメント　　$M_{x1} = -\dfrac{1}{12} w_x \cdot l_x^2$（採用算定式）

中央部最大正曲げモーメント　　$M_{x2} = \dfrac{1}{18} w_x \cdot l_x^2$

長辺方向の曲げモーメント

両端部最大負曲げモーメント　　$M_{y1} = -\dfrac{1}{24} w \cdot l_x^2$（採用算定式）

中央部最大正曲げモーメント　　$M_{y2} = \dfrac{1}{36} w_x \cdot l_x^2$

・短辺方向

上記の採用算定式により端部および中央部に作用する曲げモーメントを求める．

$$M_x = -\frac{1}{12} w_x \cdot l_x^2 = -\frac{1}{12} \times 3.3 \times 2.7^2 = -2.004 \text{ kN} \cdot \text{m}$$

スラブ筋にはD10を採用し，算定式により鉄筋間隔 s を求める．

$$s = \frac{12d}{M} = \frac{12 \times 100}{2.004} = 598 \text{ mm}$$

平12建告1347の規定にしたがい，300 mm間隔とする．

・長辺方向

短辺方向と同様，曲げモーメントを算定し，鉄筋間隔を求める．

$$M_y = -\frac{1}{24} w \cdot l_x^2 = -\frac{1}{24} \times 6.6 \times 2.7^2 = -2.004 \text{ kN} \cdot \text{m}$$

$$s = \frac{12d}{M} = \frac{12 \times 100}{2.004} = 598 \text{ mm}$$

同じく，300 mm間隔にて設計する．

[5] 基礎梁の設計

外周基礎梁および内部基礎梁に分けて設計を行う．

①外周基礎梁 FG_1

スパンが最大の梁 FG_1 について設計する（図8・5）．

基礎梁せい　根入れ深さ $H_1 = 300$ mm を加えた $D = 650$ mm

単位面積あたりの荷重（＝地反力）　　$w = 6.6 \text{ kN/m}^2$

2 基礎底面積と地反力の算定

基礎底面積 $A =$ 4.5 m × 9 m = 40.5 m^2

スラブ配筋設計用荷重（地反力） $w = \dfrac{\Sigma N'}{A} = \dfrac{266 \text{ kN}}{40.5 \text{ m}^2} =$ 6.6 kN/m^2

3 接地圧の算定

基礎自重 $W_f = W_1 + W_2 + W_3 =$ 60 kN + 17 kN + 165 kN = 242 kN

外周基礎 $W_1 = \left\{ \left(0.12\text{m} \times 0.65\text{m} + \dfrac{0.18\text{m} \times 0.18\text{m}}{2}\right) \times (4.5\text{m} \times 2 + 9\text{m} \times 2) \right.$

$\left. \qquad -0.12\text{m} \times 0.3\text{m} \times 0.65\text{m} \right\} \times 24 \text{ kN/m}^3$

$\qquad =$ 60 kN

内部基礎 $W_2 = (0.12\text{m} \times 0.3\text{m}) \times (1.8\text{m} \times 3 + 0.9\text{m} + 2.7\text{m} \times 2 + 1.8\text{m} + 2.7\text{m}$

$\qquad + 1.8\text{m} + 1.8\text{m} + 2.7\text{m} - 0.5\text{m} \times 5) \times 24\text{kN/m}^3$

$\qquad =$ 17 kN

底盤 $W_3 =$ 0.17 m × 40.5 m^2 × 24 kN/m^3 = 165 kN

建物全重量 $\Sigma N = \Sigma N' + W_f =$ 266 kN + 242 kN = 508 kN

接地圧 $\sigma_e = \dfrac{\Sigma N}{A} = \dfrac{508 \text{ kN}}{40.5 \text{ m}^2} =$ 12.543 kN/m^2 < f_e OK

4 基礎スラブ筋の設計 S_1 スラブ

短辺スパン $l_x =$ 2.7 m

長辺スパン $l_y =$ 2.7 m

スラブ有効せい $d = t - $ かぶり寸法 = 170 mm − 70 mm = 100 mm

短辺方向の荷重 $w_x = \dfrac{l_y^4}{l_x^4 + l_y^4} w = \dfrac{2.7^4}{2.7^4 + 2.7^4} \times$ 6.6 = 3.3 kN/m^2

・短辺方向

端部（中央部とも） $M_x = -\dfrac{1}{12} w_x \cdot l_x^2 = -\dfrac{1}{12} \times$ 3.3 × 2.7 ^{2} = − 2.004 kN·m

鉄筋間隔（D10） $s = \dfrac{12d}{M} = \dfrac{12 \times 100}{2.004} =$ 598 mm 設計 D10−@ 300

・長辺方向

端部（中央部とも） $M_y = -\dfrac{1}{24} w \cdot l_x^2 = -\dfrac{1}{24} \times$ 6.6 × 2.7 ^{2} = − 2.004 kN·m

鉄筋間隔（D10） $s = \dfrac{12d}{M} = \dfrac{12 \times 100}{2.004} =$ 598 mm 設計 D10−@ 300

スラブ短辺スパン　$l_x = 2.7$ m
　　　長辺スパン　$l_y = 2.7$ m

・応力算定（図 8・6）

$l = l_x = 2.7$ m

$h = \dfrac{l}{2} = \dfrac{2.7 \text{ m}}{2} = 1.35$ m

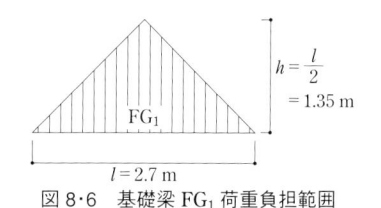

図 8・6　基礎梁 FG_1 荷重負担範囲

単位長さあたりの荷重　$w' = w \cdot h = 6.6 \text{ kN/m}^2 \times 1.35 \text{ m} = 8.91$ kN/m

表 8・1 の基礎梁応力算定式により各応力を求める．

両端固定の固定端モーメント　$C = \dfrac{5}{96} w' \cdot l^2 = \dfrac{5}{96} \times 8.91 \times 2.7^2 = 3.383$ kN·m

単純梁の中央曲げモーメント　$M_0 = \dfrac{w' \cdot l^2}{12} = \dfrac{1}{12} \times 8.91 \times 2.7^2 = 5.412$ kN·m

せん断力　$Q = \dfrac{w' \cdot l}{4} = \dfrac{1}{4} \times 8.91 \times 2.7 = 6.014$ kN

・設計応力算定

図 8・3 により算定する．

1スパンの場合　両端　$0.6C = 0.6 \times 3.383$ kN·m $= 2.029$ kN·m

　　　　　　　　中央　$M_0 - 0.35C = 5.412$ kN·m $- 0.35 \times 3.383$ kN·m $= 4.227$ kN·m

・断面設計

まず，算定に必要となる応力中心距離 j を求める．

基礎梁有効せい　$d = D - $かぶり寸法$ = 650$ mm $- 70$ mm $= 580$ mm

応力中心距離　$j = \dfrac{7}{8} d = \dfrac{7}{8} \times 580$ mm $= 507.5$ mm

先に求めた設計応力（曲げモーメント）をもとに主筋断面積を算定し，採用する主筋を決定する．両端部の設計応力より下端筋，中央部の設計応力より上端筋が決まる．

端部（下端筋の設計）　$a_t = \dfrac{M}{f_t \cdot j} = \dfrac{2029000 \text{ N·mm}}{195 \text{ N/mm}^2 \times 507.5 \text{ mm}} = 20$ mm^2

中央（上端筋の設計）　$a_t = \dfrac{M}{f_t \cdot j} = \dfrac{4227000 \text{ N·mm}}{195 \text{ N/mm}^2 \times 507.5 \text{ mm}} = 42$ mm^2

平 12 建告 1347 の規定にしたがい，上端筋，下端筋とも D13（127 mm^2）にて設計する．

せん断力 Q によりコンクリートに生じるせん断応力度を検討し，補強筋の設計を行う．

$\tau = \dfrac{Q}{b \cdot j} = \dfrac{6014 \text{ N}}{120 \text{ mm} \times 507.5 \text{ mm}} = 0.098$ N/mm$^2 < f_s \rightarrow$ OK

平 12 建告 1347 の規定により，補強筋は D10, 300 mm 間隔とする．

②内部基礎梁 FG_2

荷重負担範囲が最大となる梁 FG_2 について設計する（図 8・5）．図 8・7 のように，基礎梁 FG_2 にはスラブⒶによる応力とスラブⒷによる応力が作用する．スラブⒶによる応力については①外周基礎梁の設計にて算定済みであるので，ここではスラブⒷによる応力を求める．

5 基礎梁の設計

①外周基礎梁 FG_1

基礎梁せい　$D =$ 650 mm
単位面積あたりの荷重　$w =$ 6.6 kN/m^2
短辺スパン　$l_x =$ 2.7 m
長辺スパン　$l_y =$ 2.7 m

・応力算定

$l =$ 2.7 m
$h =$ 1.35 m
$a =$ 　　 m
$w' = w \cdot h =$ 6.6 kN/m^2 × 1.35 m = 8.91 kN/m

$C = \dfrac{5}{96} w' \cdot l^2 = \dfrac{5}{96} \times 8.91 \times 2.7^2 =$ 3.383 kN·m

$M_0 = \dfrac{w' \cdot l^2}{12} = \dfrac{1}{12} \times 8.91 \times 2.7^2 =$ 5.412 kN·m

$Q = \dfrac{w' \cdot l}{4} = \dfrac{1}{4} \times 8.91 \times 2.7 =$ 6.014 kN

・設計応力算定

両端　0.6 $C =$ 0.6 × 3.383 kN·m = 2.029 kN·m
中央　$M_0 -$ 0.35 $C =$ 5.412 kN·m − 0.35 × 3.383 kN·m = 4.227 kN·m

・断面設計

基礎梁有効せい　$d = D -$ かぶり寸法 = 650 mm − 70 mm = 580 mm

応力中心距離　$j = \dfrac{7}{8} d = \dfrac{7}{8} \times$ 580 mm = 507.5 mm

端部（下端筋）　$a_t = \dfrac{M}{f_t \cdot j} = \dfrac{2029000 \text{ N·mm}}{195 \text{ N/mm}^2 \times 507.5 \text{ mm}} =$ 20 mm^2　設計 D13 (127mm^2)

中央（上端筋）　$a_t = \dfrac{M}{f_t \cdot j} = \dfrac{4227000 \text{ N·mm}}{195 \text{ N/mm}^2 \times 507.5 \text{ mm}} =$ 42 mm^2　設計 D13 (127mm^2)

補強筋　$\tau = \dfrac{Q}{b \cdot j} = \dfrac{6014 \text{ N}}{120 \text{ mm} \times 507.5 \text{ mm}} =$ 0.098 N/mm^2 $< f_s$　OK

設計 D10 −@300

基礎梁せい　$D = 470$ mm（根入れなし）

単位面積あたりの荷重（＝地反力）　$w = 6.6$ kN/m²

・応力算定（スラブⒷ, 図 8·7）

　スラブⒷ　短辺スパン　$l_x = 1.8$ m
　　　　　　長辺スパン　$l_y = 2.7$ m

$l = l_y = 2.7$ m

$h = a = \dfrac{l_x}{2} = \dfrac{1.8 \text{ m}}{2} = 0.9$ m

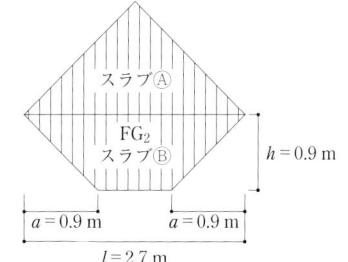

図 8·7　基礎梁 FG_2 荷重負担範囲

単位長さあたりの荷重　$w' = w \cdot h = 6.6$ kN/m² × 0.9 m $= 5.94$ kN/m

表 8·1 の基礎梁応力算定式により各応力を求める．

両端固定の固定端モーメント　$C = \dfrac{w'}{12l}(l^3 - 2a^2 \cdot l + a^3)$

$$= \dfrac{5.94}{12 \times 2.7} \times (2.7^3 - 2 \times 0.9^2 \times 2.7 + 0.9^3)$$

$$= 2.94 \text{ kN·m}$$

単純梁の中央曲げモーメント　$M_0 = \dfrac{w'}{24}(3l^2 - 4a^2)$

$$= \dfrac{5.94}{24} \times (3 \times 2.7^2 - 4 \times 0.9^2)$$

$$= 4.61 \text{ kN·m}$$

せん断力　　$Q = \dfrac{l - a}{2} w' = \dfrac{2.7 - 0.9}{2} \times 5.94 = 5.346$ kN

・設計応力算定

スラブⒶによる応力とスラブⒷによる応力の合計値として求められる．図 8·3 における 1 スパンの場合にて算定する．

　両端　スラブⒶ　$0.6C = 0.6 \times 3.383$ kN·m　$= 2.029$ kN·m
　　　　スラブⒷ　$0.6C = 0.6 \times 2.94$ kN·m　$= 1.764$ kN·m
　　　　　　　　　　　　　　　　　　　　計　3.793 kN·m

　中央　スラブⒶ　$M_0 - 0.35C = 5.412$ kN·m $- 0.35 \times 3.383$ kN·m $= 4.227$ kN·m
　　　　スラブⒷ　$M_0 - 0.35C = 4.61$ kN·m $- 0.35 \times 2.94$ kN·m $= 3.581$ kN·m
　　　　　　　　　　　　　　　　　　　　計　7.808 kN·m

　せん断力　スラブⒶ　$Q = 6.014$ kN
　　　　　　スラブⒷ　$Q = 5.346$ kN
　　　　　　　　　　　　計　11.36 kN

②内部基礎梁 FG_2

基礎梁せい　$D =$ 470　mm
単位面積あたりの荷重　$w =$ 6.6　kN/m²

・応力算定（スラブⒷ）

短辺スパン　$l_x =$ 1.8　m
長辺スパン　$l_y =$ 2.7　m
$l =$ 2.7　m
$h =$ 0.9　m
$a =$ 0.9　m

$w' = w \cdot h =$ 6.6 kN/m² × 0.9 m = 5.94 kN/m

$C = \dfrac{w'}{12l}(l^3 - 2a^2 \cdot l + a^3) = \dfrac{5.94}{12 \times 2.7} \times (2.7^3 - 2 \times 0.9^2 \times 2.7 + 0.9^3) =$ 2.94　kN·m

$M_0 = \dfrac{w'}{24}(3l^2 - 4a^2) = \dfrac{5.94}{24} \times (3 \times 2.7^2 - 4 \times 0.9^2) =$ 4.61　kN·m

$Q = \dfrac{l-a}{2}w' = \dfrac{2.7 - 0.9}{2} \times 5.94 =$ 5.346　kN

・設計応力算定

両端　スラブⒶ　0.6　$C =$ 0.6 × 3.383　kN·m = 2.029　kN·m
　　　スラブⒷ　0.6　$C =$ 0.6 × 2.94　kN·m = 1.764　kN·m
　　　　　　　　　　　　　　　　　　　　　　計　3.793　kN·m

中央　スラブⒶ　$M_0 -$ 0.35　$C =$ 5.412　kN·m − 0.35 × 3.383　kN·m = 4.227　kN·m
　　　スラブⒷ　$M_0 -$ 0.35　$C =$ 4.61　kN·m − 0.35 × 2.94　kN·m = 3.581　kN·m
　　　　　　　　　　　　　　　　　　　　　　計　7.808　kN·m

せん断力　スラブⒶ　$Q =$ 6.014　kN
　　　　　スラブⒷ　$Q =$ 5.346　kN
　　　　　　　　計　11.36　kN

・断面設計

基礎梁有効せい　$d = D -$ かぶり寸法 $=$ 470　mm − 70 mm = 400　mm

応力中心距離　$j = \dfrac{7}{8}d = \dfrac{7}{8} \times$ 400 mm = 350 mm

端部（下端筋）$a_t = \dfrac{M}{f_t \cdot j} = \dfrac{3793000 \text{ N·mm}}{195 \text{ N/mm}^2 \times 350 \text{ mm}} =$ 55 mm²　設計 D13（127mm²）

中央（上端筋）$a_t = \dfrac{M}{f_t \cdot j} = \dfrac{7808000 \text{ N·mm}}{195 \text{ N/mm}^2 \times 350 \text{ mm}} =$ 114 mm²　設計 D13（127mm²）

補強筋　$\tau = \dfrac{Q}{b \cdot j} = \dfrac{11360 \text{ N}}{120 \text{ mm} \times 350 \text{ mm}} =$ 0.27 N/mm² $< f_s$　OK

　　　　　　　　　　　　　　　　　　　設計 D10−@300

- 断面設計

    基礎梁有効せい　$d = D -$ かぶり寸法 $= 470\,\text{mm} - 70\,\text{mm} = 400\,\text{mm}$

    応力中心距離　$j = \dfrac{7}{8}d = \dfrac{7}{8} \times 400\,\text{mm} = 350\,\text{mm}$

    モーメントにより主筋，せん断力により補強筋の設計を行う．

    端部（下端筋の設計）　$a_t = \dfrac{M}{f_t \cdot j} = \dfrac{3793000\,\text{N}\cdot\text{mm}}{195\,\text{N/mm}^2 \times 350\,\text{mm}} = 55\,\text{mm}^2$

    中央（上端筋の設計）　$a_t = \dfrac{M}{f_t \cdot j} = \dfrac{7808000\,\text{N}\cdot\text{mm}}{195\,\text{N/mm}^2 \times 350\,\text{mm}} = 114\,\text{mm}^2$

    補強筋の設計　$\tau = \dfrac{Q}{b \cdot j} = \dfrac{11360\,\text{N}}{120\,\text{mm} \times 350\,\text{mm}} = 0.27\,\text{N/mm}^2 < f_s \rightarrow$ OK

    平12建告1347の規定により，上端筋および下端筋にはD13（127 mm²）を採用し，補強筋はD10，300 mm間隔とする．

6 短期荷重時の検討について

　基礎床面積の算定は，地耐力が $\dfrac{短期}{長期} = 2$ 倍であり，住宅の基礎では短期で設計することはない．基礎スラブ筋については，鉄筋の許容応力度が $\dfrac{短期}{長期} = 1.5$ 倍であるため，風圧力・地震力による転倒モーメントにより生じる短期応力（引抜力，圧縮力）が大きい外周基礎について検討することが望ましいが，2階建では転倒モーメントが小さいので，検討を省略している．

820 配筋詳細図

810 の算定結果をもとに配筋詳細図を作成する．付7は，配筋に関する基準をまとめたものである．

> 構造計算書演習例 p. 43
>
> 演習例の配筋等については，下記による．
> - スラブ筋にはD10を採用し，300 mm間隔とする（平12建告1347）．
> - 基礎梁においては，主筋にはD13，補強筋にはD10を採用する．補強筋の間隔は300 mmとする（平12建告1347）．
> - 基礎ベース筋には40 mm × 50 mm × 60 mmのモルタルスペーサー（サイコロと呼ばれる）を使用し，かぶり厚さ（鉄筋表面までの寸法）は60 mmにて設計・施工する（令79条）．
> - スラブ筋の定着長さは $40d$（dは鉄筋径）とする（令73条3項）．スラブ筋D10の定着長さ $40d = 400\,\text{mm}$ を確保するため，45°のハンチを設けてハンチ端までの基礎幅300 mmを確保し，定着長さの基点とする．
> - 補強筋D10の余長は $10d = 100\,\text{mm}$ とする（日本建築学会『鉄筋コンクリート構造計算規準・同解説』17条の2）．

820 配筋詳細図

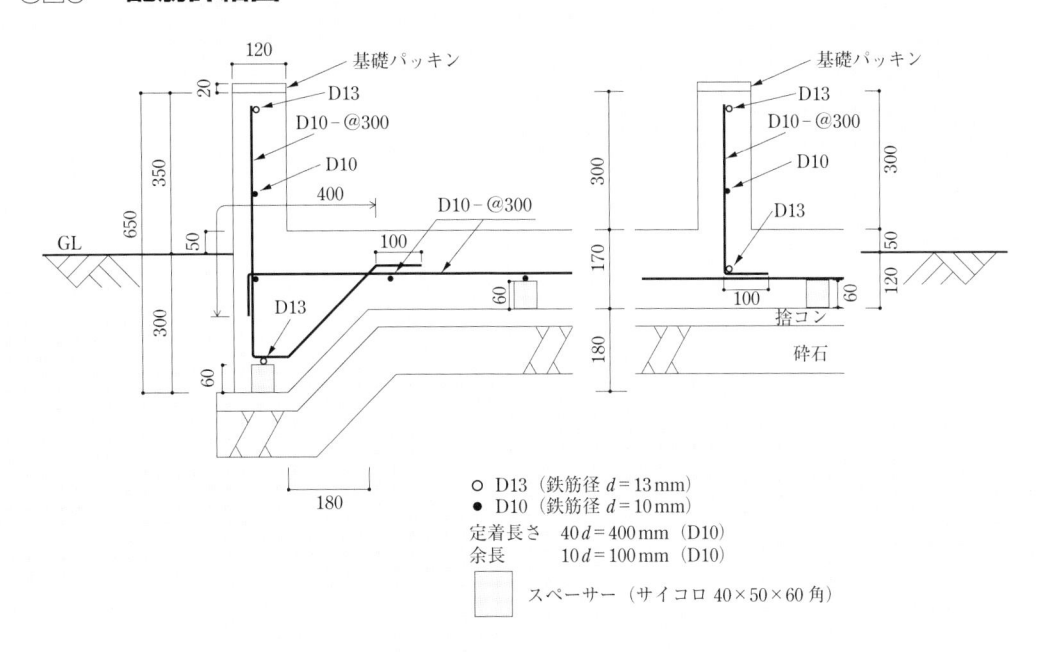

○ D13（鉄筋径 $d=13$ mm）
● D10（鉄筋径 $d=10$ mm）
定着長さ　$40d=400$ mm（D10）
余長　　　$10d=100$ mm（D10）
□ スペーサー（サイコロ $40×50×60$ 角）

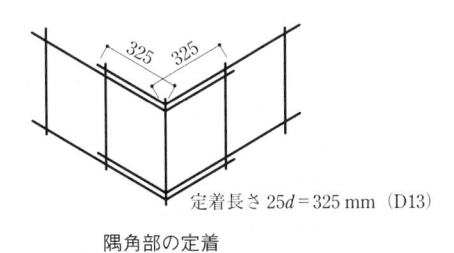

定着長さ $25d=325$ mm（D13）

隅角部の定着

・基礎梁主筋 D13 の隅角部の定着長さは $25d$ = 325 mm とする（令 73 条 2 項）．
・令 22 条二号に規定されている面積 300 cm² 以上の換気孔（壁長 5 m 以下ごと）の代わりに，厚さ 20 mm のパッキンを使用する（基礎パッキング工法）．
・内部基礎梁に人通口を設ける場合の配筋については，『実務から見た木造構造設計』（上野嘉久著／学芸出版社）の図 13・27 〜 13・29 を参照されたい．

付　録

付1　異形棒鋼の断面積および周長表　　　太字は断面積[mm²]，細字は周長[mm]

呼び名	重量 [kN/m]	1	2	3	4	5	6	7	8	9	10	11	12	13	14	15
D10	5.49	**71** 30	**143** 60	**214** 90	**285** 120	**357** 150	**428** 180	**499** 210	**570** 240	**642** 270	**713** 300	**785** 330	**856** 360	**927** 390	**999** 420	**1070** 450
D13	9.76	**127** 40	**254** 80	**381** 120	**508** 160	**635** 200	**762** 240	**889** 280	**1016** 320	**1143** 360	**1270** 400	**1394** 440	**1520** 480	**1647** 520	**1774** 560	**1901** 600
D16	15.3	**199** 50	**398** 100	**597** 150	**796** 200	**995** 250	**1194** 300	**1393** 350	**1592** 400	**1791** 450	**1990** 500	**2185** 550	**2383** 600	**2582** 650	**2780** 700	**2979** 750

付2　地盤の許容応力度（地耐力）　　[kN/m²]

地　盤	長期許容応力度	短期許容応力度
岩盤	1000	長期の2倍
固結した砂	500	
土丹盤	300	
密実な礫層	300	
密実な砂質地盤	200	
砂質地盤（地震時に液状化のおそれのないものに限る）	50	
堅い粘土質地盤	100	
粘土質地盤	20	
堅いローム層	100	
ローム層	50	

（令93条より）

付3　筋かい端部の仕口ディテール

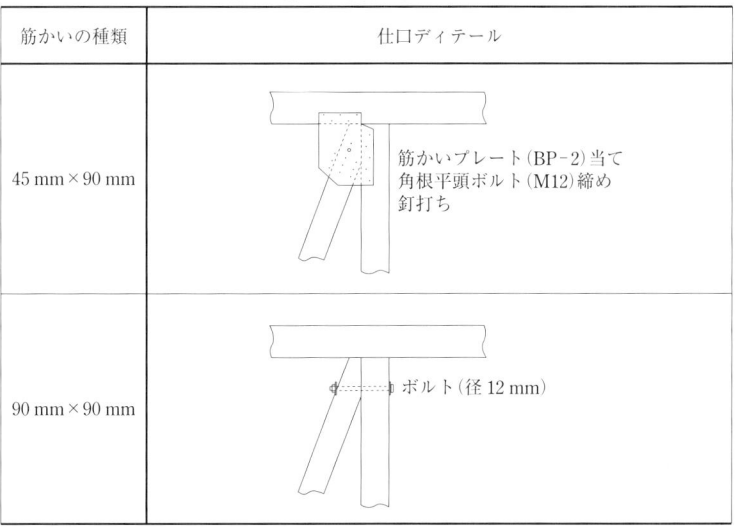

筋かいの種類	仕口ディテール
45 mm×90 mm	筋かいプレート(BP-2)当て 角根平頭ボルト(M12)締め 釘打ち
90 mm×90 mm	ボルト(径12 mm)

付4　金物のディテールと許容耐力

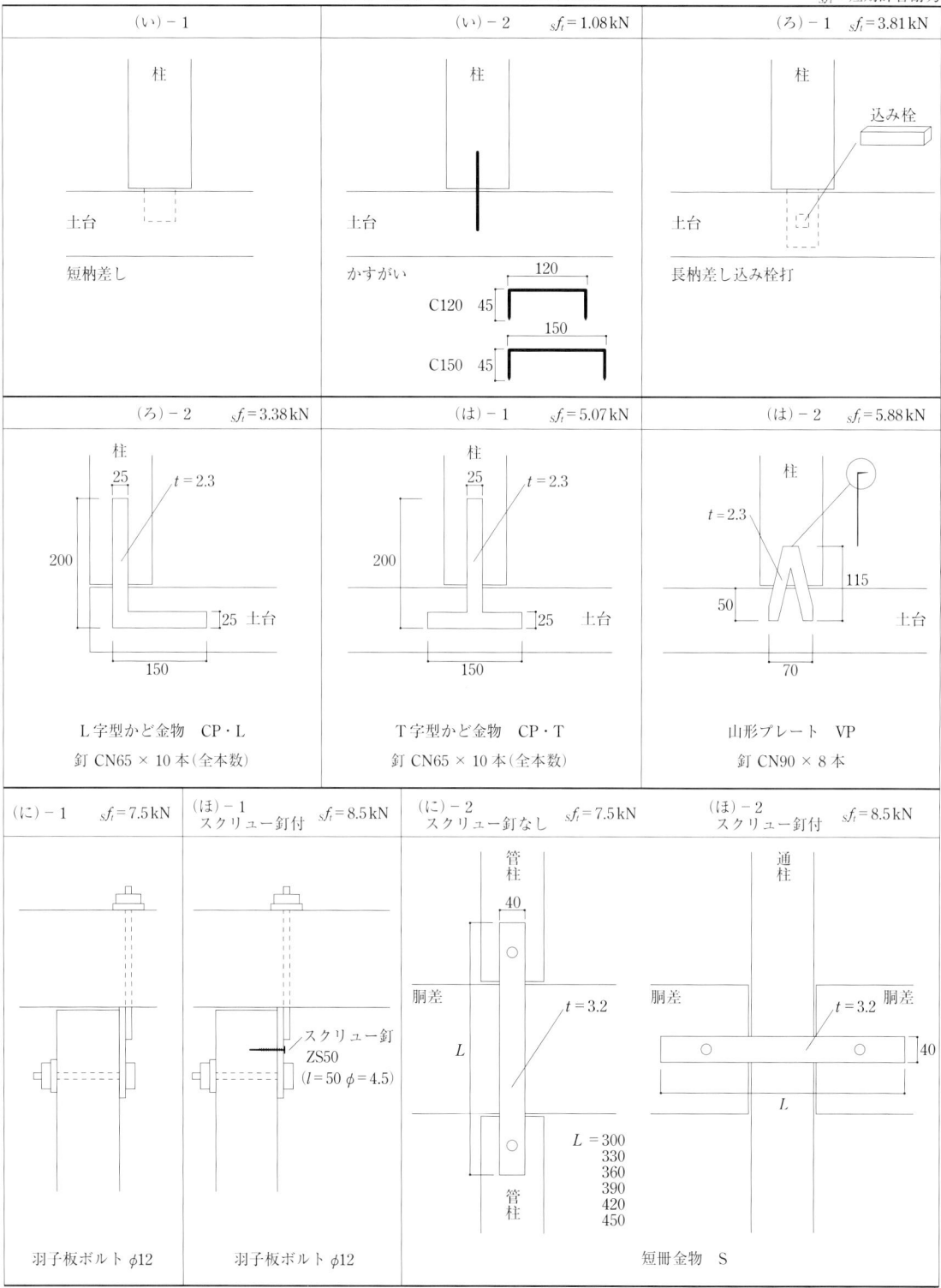

$_sf_t$：短期許容耐力

(い)-1
柱／土台
短ほぞ差し

(い)-2　$_sf_t = 1.08\,\text{kN}$
柱／土台
かすがい

C120　45　120
C150　45　150

(ろ)-1　$_sf_t = 3.81\,\text{kN}$
柱／込み栓／土台
長ほぞ差し込み栓打

(ろ)-2　$_sf_t = 3.38\,\text{kN}$
柱　$t = 2.3$
25／200／25／150　土台
L字型かど金物　CP・L
釘 CN65 × 10本（全本数）

(は)-1　$_sf_t = 5.07\,\text{kN}$
柱　$t = 2.3$
25／200／25／150　土台
T字型かど金物　CP・T
釘 CN65 × 10本（全本数）

(は)-2　$_sf_t = 5.88\,\text{kN}$
柱　$t = 2.3$
50／115／70　土台
山形プレート　VP
釘 CN90 × 8本

(に)-1　$_sf_t = 7.5\,\text{kN}$
羽子板ボルト $\phi12$

(ほ)-1　スクリュー釘付　$_sf_t = 8.5\,\text{kN}$
スクリュー釘 ZS50（$l = 50\ \phi = 4.5$)
羽子板ボルト $\phi12$

(に)-2　スクリュー釘なし　$_sf_t = 7.5\,\text{kN}$
管柱／胴差／管柱　$t = 3.2$
40／L

(ほ)-2　スクリュー釘付　$_sf_t = 8.5\,\text{kN}$
通柱／胴差　$t = 3.2$
40／L

短冊金物　S
$L = 300, 330, 360, 390, 420, 450$

付4 (続き)

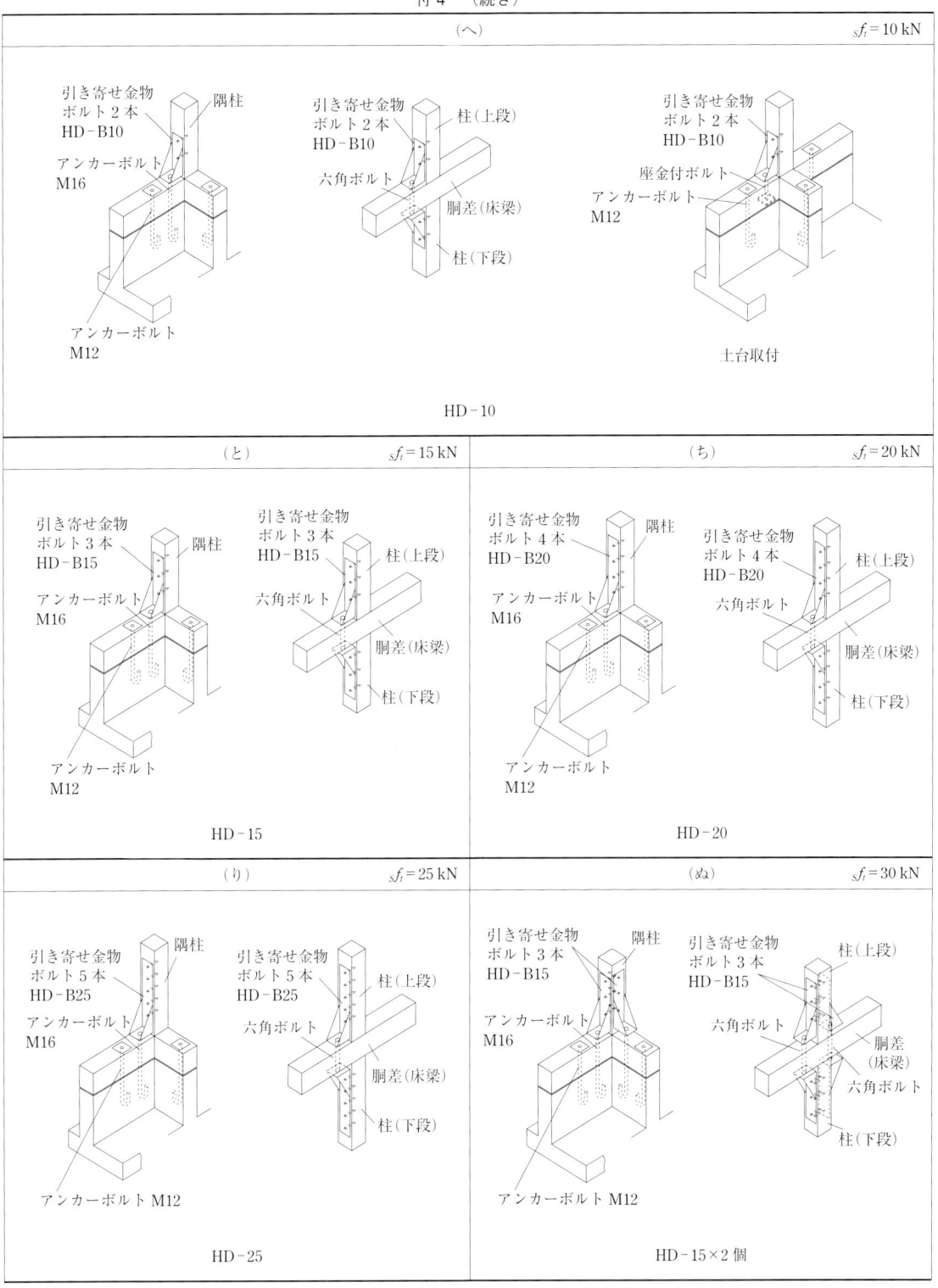

(へ)　　　　　　　　　　　　　　　　　　　　　　　$_sf_t = 10\ \text{kN}$

HD-10

(と)　　　　　　　$_sf_t = 15\ \text{kN}$　　　　(ち)　　　　　　　$_sf_t = 20\ \text{kN}$

HD-15　　　　　　　　　　　　　　HD-20

(り)　　　　　　　$_sf_t = 25\ \text{kN}$　　　　(ぬ)　　　　　　　$_sf_t = 30\ \text{kN}$

HD-25　　　　　　　　　　　　　　HD-15×2個

付5 耐力壁の種類と壁倍率

*倍率の数値は5.0まで

		軸組	番号	軸組の種類	くぎの種類 くぎの間隔	軸組倍率
[令]46条	土塗り壁		a	裏返しの有無なし 仕様規定の壁は「告示」第1・六号		0.5
	木ずり壁		b	片面釘打		0.5
			c	両面釘打		1.0
	筋かい	片筋かい	d	9φ以上　鉄筋筋かい		1.0
			e	15×90以上　貫筋かい		1.0
			f	30×90以上　三ツ割筋かい		1.5
			g	45×90以上　二ツ割筋かい		2.0
			h	90×90以上　柱同寸筋かい		3.0
		たすき掛け筋かい	i	9φ以上　鉄筋筋かい		2.0
			j	15×90以上　貫筋かい		2.0
			k	30×90以上　三ツ割筋かい		3.0
			l	45×90以上　二ツ割筋かい		4.0
			m	90×90以上　柱同寸筋かい		*5.0
[告示]昭56建告1100	第1・二号 別表第1	ボード壁（大壁）	1	構造用合板（JAS）⑦5以上 屋外壁等は特類．樹脂加工以外⑦7.5以上	N50 @150以下	2.5
			2	パーティクルボード⑦12以上 構造用パネル（JAS）		
			3	ハードボード　⑦5以上 硬質繊維板　450，350		
			4	硬質木片セメント板　⑦12以上 木片セメント板　0.9C		2.0
			5	炭酸マグネシウム板　⑦12以上	GNF40 GNC40 @150以下	
			6	パルプセメント板　⑦8以上		1.5
			7	構造用せっこうボードA種　⑦12以上 屋外壁等以外		1.7
			8	構造用せっこうボードB種　⑦12以上 屋外壁等以外		1.2
			9	せっこうボード　⑦12以上 強化せっこうボード　⑦12以上 屋外壁等以外		0.9
			10	シージングボード　⑦12以上 軟質繊維板	SN40 外周@100以下 他@200以下	1.0
			11	ラスシート角波亜鉛鉄板　⑦0.4以上 メタルラス　⑦0.6以上	N38 @150以下	

付5（続き）

	軸組	番号	軸組の種類	くぎの種類 くぎの間隔	軸組倍率
第1・二号 別表第1	胴縁下地壁（大壁）	1〜11	胴縁15以上×45以上　@310以下 番号1〜11のボードを胴縁に打ち付け	胴縁：N50 ボード：N32@150以下	0.5
第1・三号 別表第2	受材下地壁（真壁） 30以上×40以上の受材をN75@300以下で打ち付け，継ぎ目には間柱，胴つなぎ	I	構造用合板　⑦7.5以上 屋外壁等は特類	GNF32 GNC32 @150以下	2.5
		II	パーティクルボード　⑦12以上 構造用パネル		
		III	せっこうラスボード　⑦9以上 せっこうプラスター　⑦15以上塗り		1.5
		IV	構造用せっこうボードA種　⑦12以上 屋外壁等以外	GNF40 GNC40 @150以下	1.5
		V	構造用せっこうボードB種　⑦12以上 屋外壁等以外		1.3
		VI	せっこうボード　⑦12以上 強化せっこうボード　⑦12以上 屋外壁等以外		1.0
第1・四号 別表第2	貫下地壁（真壁） 15以上×90以上　@610以下 5本以上の貫	I	構造用合板　⑦7.5以上 屋外壁等は特類	GNF32 GNC32 @150以下	1.5
		II	パーティクルボード　⑦12以上 構造用パネル		
		III	せっこうラスボード　⑦9以上 せっこうプラスター　⑦15以上塗り		1.0
		IV	構造用せっこうボードA種　⑦12以上 屋外壁等以外		0.8
		V	構造用せっこうボードB種　⑦12以上 屋外壁等以外		0.7
		VI	せっこうボード　⑦12以上 強化せっこうボード　⑦12以上 屋外壁等以外		0.5
第1・五号 別表第3	床下地大壁	I	構造用せっこうボードA種　⑦12以上 屋外壁等以外	GNF40 GNC40 @150以下	1.6
		II	構造用せっこうボードB種　⑦12以上 屋外壁等以外		1.0
		III	せっこうボード　⑦12以上 強化せっこうボード　⑦12以上 屋外壁等以外		0.9

［告示］昭56建告1100

付5（続き）

		軸組	番号	軸組の種類				くぎの種類 くぎの間隔	軸組倍率
[告示] 昭56建告1100	第1・六号 別表第4	土塗壁（真壁） 15以上×100以上 @910以下 3本以上の貫 間渡し竹 小舞竹 土塗壁	Ⅰ	両面塗　⑦70以上					1.5
			Ⅱ	両面塗　⑦55以上					1.0
			Ⅲ	片面塗　⑦55以上					1.0
	第1・七号 別表第5	格子壁 縦格子材 横格子材 相欠き		見付け幅	厚さ	格子間隔			
			Ⅰ	45以上	90以上	90以上160以下			0.9
			Ⅱ	90以上		180以上310以下			0.6
			Ⅲ	105以上	105以上				1.0
	第1・八号	落とし込み板 落とし込み板 だぼ 柱の溝		落とし込み板：厚さ27以上，幅130以上 相接する板のだぼ：小径15以上 　　　　　　　丸鋼9φ以上 　　　　　　　丸鋼ℓ20以下，3本以上 軸組：柱間隔1800以上かつ2300以下					0.6
	第1・九号、十一号	併用壁（倍率の合計）							上限5.0
	第1・十二号	国土交通大臣の認定を受けたもの							大臣の定める数値 上限5.0

付6 常用木材の断面諸性能

せいh [mm] \ 幅b [mm]	30	45	60	90	100	105	120	135
45		2025 15×10^3 34×10^4 13						
60	1800 18×10^3 54×10^4 17.3		3600 36×10^3 108×10^4 17.3					
90	2700 40.5×10^3 182×10^4 26	4050 60.7×10^3 273×10^4 26		8100 121.5×10^3 547×10^4 26				
100		4500 75×10^3 375×10^4 28.9			10000 167×10^3 833×10^4 28.9			
105		4725 83×10^3 434×10^4 30.3				11025 193×10^3 1013×10^4 30.3		
120			7200 144×10^3 864×10^4 34.6			12600 252×10^3 1512×10^4 34.6	14400 288×10^3 1728×10^4 34.6	
135						14175 318×10^3 2152×10^4 39		18225 410×10^3 2767×10^4 39
150						15700 393×10^3 2953×10^4 43.4		
180 6寸						18900 567×10^3 5103×10^4 52	21600 648×10^3 5832×10^4 52	24300 729×10^3 6561×10^4 52
210 7寸						22050 771×10^3 8103×10^4 60.6	25200 882×10^3 9261×10^4 60.6	28350 992×10^3 10418×10^4 60.6
240 8寸						25200 1008×10^3 12096×10^4 69.3	28800 1152×10^3 13824×10^4 69.3	32400 1296×10^3 15552×10^4 69.3
300 1尺						31500 1575×10^3 23625×10^4 86.6	36000 1800×10^3 27000×10^4 86.6	40500 2025×10^3 30375×10^4 86.6

A:断面積 [mm^2], Z:断面係数 [mm^3], I:断面2次モーメント [mm^4], i:断面2次半径 [mm] の順に示す.

付7 鉄筋コンクリート構造配筋基準図

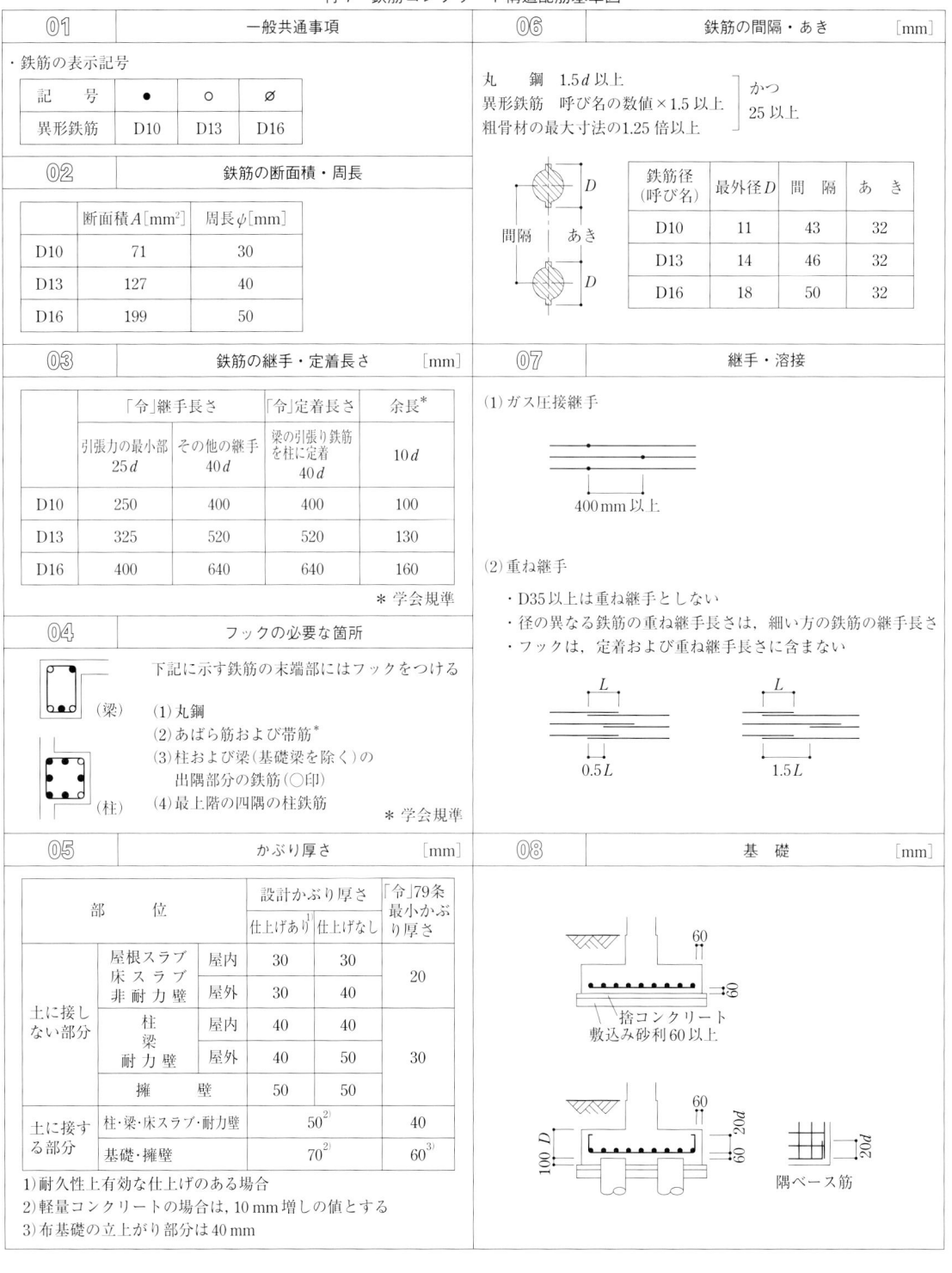

01 一般共通事項

- 鉄筋の表示記号

記 号	●	○	⌀
異形鉄筋	D10	D13	D16

02 鉄筋の断面積・周長

	断面積 A [mm²]	周長 ϕ [mm]
D10	71	30
D13	127	40
D16	199	50

03 鉄筋の継手・定着長さ [mm]

	「令」継手長さ		「令」定着長さ	余長*
	引張力の最小部 $25d$	その他の継手 $40d$	梁の引張り鉄筋を柱に定着 $40d$	$10d$
D10	250	400	400	100
D13	325	520	520	130
D16	400	640	640	160

*学会規準

04 フックの必要な箇所

下記に示す鉄筋の末端部にはフックをつける

(梁)
(柱)

(1) 丸鋼
(2) あばら筋および帯筋*
(3) 柱および梁(基礎梁を除く)の出隅部分の鉄筋(○印)
(4) 最上階の四隅の柱鉄筋

*学会規準

05 かぶり厚さ [mm]

部 位			設計かぶり厚さ		「令」79条最小かぶり厚さ
			仕上げあり	仕上げなし	
土に接しない部分	屋根スラブ 床スラブ 非耐力壁	屋内	30	30	20
		屋外	30	40	
	柱 梁 耐力壁	屋内	40	40	30
		屋外	40	50	
	擁 壁		50	50	
土に接する部分	柱・梁・床スラブ・耐力壁		50²⁾		40
	基礎・擁壁		70²⁾		60³⁾

1) 耐久性上有効な仕上げのある場合
2) 軽量コンクリートの場合は、10 mm増しの値とする
3) 布基礎の立上がり部分は40 mm

06 鉄筋の間隔・あき [mm]

丸 鋼 $1.5d$ 以上
異形鉄筋 呼び名の数値×1.5以上
粗骨材の最大寸法の1.25倍以上
} かつ 25以上

鉄筋径(呼び名)	最外径 D	間隔	あき
D10	11	43	32
D13	14	46	32
D16	18	50	32

07 継手・溶接

(1) ガス圧接継手

400 mm以上

(2) 重ね継手

- D35以上は重ね継手としない
- 径の異なる鉄筋の重ね継手長さは、細い方の鉄筋の継手長さ
- フックは、定着および重ね継手長さに含まない

$0.5L$ $1.5L$

08 基礎 [mm]

隅ベース筋

構 造 計 算 書

(木造用)

年　月

工　事　名　称

設計者

100　一般事項

110　建築物の概要

111　建築場所：

112　建築概要

建　物　規　模					仕　上　概　要	
階	床面積	用途	構造種別	その他	屋根	
				最高の高さ　　　m	床	
				H　　　　　　　m	天井	
				軒高　　　　　　m	外壁	
					内壁	
計	m²					

120　設計方針

121　準拠法令・規準等
①建築基準法，日本住宅・木材技術センターおよび日本建築学会の設計規準
②参考図書……

122　電算機・プログラム
①使用箇所：
②機種名：
③プログラム名：

123　応力解析
①鉛直荷重時……静定構造
②水平荷重時……静定構造

130　使用材料と許容応力度

131　木材・集成材の種類と許容応力度

[N/mm²]

採用	部材	樹種等		長期（積雪時1.3倍）					短期 (積雪時 0.8倍)	E [kN/mm²]
				f_c	f_t	f_b	f_s	f_{cv}		
		無等級材・針葉樹	Ⅰ	あかまつ，くろまつ，べいまつ	8.14	6.49	10.34	0.88	3.3		10
			Ⅱ	からまつ，ひば，ひのき，べいひ	7.59	5.94	9.79	0.77	2.86		9
			Ⅲ	つが，べいつが	7.04	5.39	9.24	0.77	2.2	長期×$\frac{2}{1.1}$	8
			Ⅳ	もみ，えぞまつ，とどまつ，べにまつ，すぎ，べいすぎ，スプルース	6.49	4.95	8.14	0.66	2.2		7
		無等級材									
	柱	集成材		べいまつ E120-F375	11.0	9.46	13.64	1.32	3.3		12
	柱			えぞまつ E95-F315	9.46	8.36	11.44	1.1	2.2		9.5
	梁			おうしゅうあかまつ 対称異等級構成集成材 E120-F330	9.24	8.14	11.88	1.1	2.2		11
		JAS規格材									

132 鉄筋の許容応力度

[N/mm²]

採用	基準強度 F	鉄筋の種類	許容応力度			短期
			長期			
			圧縮	引張り		長期×1.5
				せん断補強以外	せん断補強	
	295	異形 SD295	195	195	195	

133 コンクリートの許容応力度

[N/mm²]

採用	設計基準強度 F_c	コンクリートの種類	許容応力度				短期
			長期				
			圧縮	せん断	付着（異形）		長期×2
					上端	その他	
	18	普通コンクリート	6	0.6	1.2	1.8	
	21	普通コンクリート	7	0.7	1.4	2.1	

134 地盤の種類と許容地耐力，杭の許容支持力

採用	種類	地盤の種類	長期	備考	短期
			許容地耐力		
	直接基礎	粘土質地盤	20 kN/m²		
		ローム層	50 kN/m²		
		砂質地盤（地震時液状化なし）	50 kN/m²		長期×2
		地盤改良		工法	
	杭基礎		許容支持力	（　　　）杭 $\phi=$　mm $l=$　m 工法	
			kN/本		

地盤調査資料　有　無

200　構造計画・設計ルート

210　構造計画

211　架構形式　　X 方向：＿＿＿＿＿＿＿　　Y 方向：＿＿＿＿＿＿＿

212　剛床仮定　　小屋組　　　　火打梁等にて剛床確保
　　　　　　　　　　2 階床　　　　剛床
　　　　　　　　　　1 階床　　　　剛床，火打土台等にて剛床確保

220　設計ルート

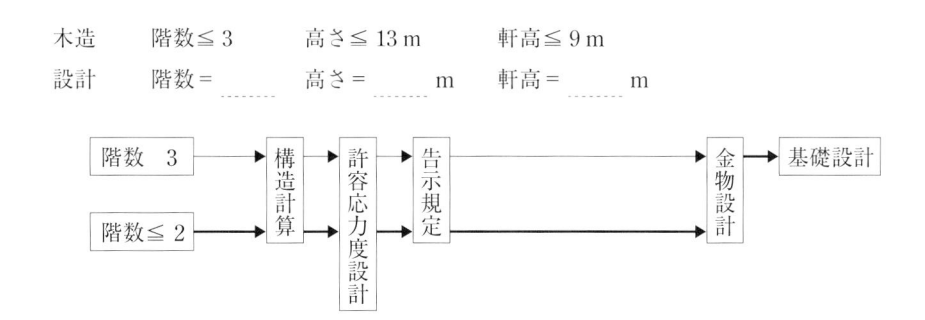

　　　木造　　階数 ≦ 3　　　高さ ≦ 13 m　　　軒高 ≦ 9 m
　　　設計　　階数 =＿＿＿　高さ =＿＿＿ m　軒高 =＿＿＿ m

　　階数 3 →　構造計算 → 許容応力度設計 → 告示規定 → 金物設計 → 基礎設計
　　階数 ≦ 2 →

230　その他特記事項

300 荷重・外力

310 固定荷重

建築物の部分	固定荷重 [N/m²]		
	名　称	w	W

建築物の部分	固定荷重 [N/m²]		
	名　称	w	W

320 積載荷重と床荷重一覧表

[N/m²]

室の種類 \ 荷重区分	床用			梁・柱・基礎用			地震力用		
	固定	積載	合計	固定	積載	合計	固定	積載	合計

330 特殊荷重

340 積雪荷重

[1] 一般区域（　　　　　　　）

　①特定行政庁の規則なし …… 積雪荷重計算不要

　②特定行政庁の規則あり

　　　垂直積雪量　　　　cm

　　　屋根勾配　　　　寸　θ ＝　　　　°

　　　屋根形状係数　μ_b ＝　　　　

　　　積雪荷重　S ＝ 20 N/m²·cm ×　　　　cm ×　　　　　＝　　　　N/m²

　　　荷重の組合せ　長期：$G + (P)$ ＝　　　　＋　　　　＝　　　　N/m²

　　　　　　　　　　短期：$G + (P) + S$ ＝　　　　＋　　　　＋　　　　＝　　　　N/m²

[2] 多雪区域（　　　　　　　）

　　積雪単位荷重　　　　N/m²·cm

　　垂直積雪量　　　　cm

　　屋根勾配　　　　寸　θ ＝　　　　°

　　屋根形状係数　μ_b ＝　　　　

　　積雪荷重　S ＝　　　　N/m²·cm ×　　　　cm ×　　　　＝　　　　N/m²

　　荷重の組合せ　長期：$G + (P) + 0.7S$ ＝　　　　＋　　　　＋ 0.7 ×　　　　＝　　　　N/m²

　　　　　　　　　短期：$G + (P) + S$ ＝　　　　＋　　　　＋　　　　＝　　　　N/m²

350 地震力

351 建物重量の算定
[ ]は基礎用

階	項目	荷重[N/m²]	面積[m²]	小計[N]	計[N]	合計[N]	設計

352 地震力の算定

- 地域係数　　　$Z=$
- 1次固有周期　$T = 0.03H = 0.03 \times$ _____ m = _____ 秒
- 地盤種別　第 ___ 種地盤
- 卓越周期　$T_c =$ _____ 秒
- 振動特性係数　$R_t = 1.0$
- 建物重量比　2階　$\alpha_2 = \dfrac{W_2}{W_1} = \dfrac{\text{_____ kN}}{\text{_____ kN}} =$ _____

　　　　　　　1階　$\alpha_1 = 1.0$

- 高さ方向の分布係数　2階　$A_2 = 1 + \left(\dfrac{1}{\sqrt{\alpha_2}} - \alpha_2\right)\dfrac{2T}{1+3T} = 1 + \left(\dfrac{1}{\text{_____}} - \text{_____}\right) \times \dfrac{2 \times \text{_____}}{1 + 3 \times \text{_____}}$

　　　　　　　　　　　　　　　　　　　　　　　　$=$ _____

　　　　　　　　　　1階　$A_1 = 1.0$

- 標準せん断力係数　$C_o =$ _____

階	W_i [kN]	Z	R_t	A_i	C_o	C_i	Q_i [kN]	設計 Q_i [kN]
2			1.0					
1			1.0	1.0				

360 風圧力

361 速度圧の算定

・地表面粗度区分 _____ $Z_b =$ _____ m $Z_G =$ _____ m $\alpha =$ _____

・平均風速の高さ方向の分布係数 E_r

$$H = \underline{\quad\quad} \text{m} \quad \underline{\quad\quad} Z_b \quad E_r = 1.7\left(\frac{\underline{\quad\quad}}{Z_G}\right)^\alpha = 1.7 \times \left(\underline{\quad\quad}\right)^{\underline{\quad\quad}} = \underline{\quad\quad}$$

・ガスト影響係数　地表面粗度区分 _____ $H \leq 10$ m $G_f =$ _____

・基準風速 _____ $V_0 =$ _____ m/s

速度圧　$q = 0.6\, E \cdot V_0^2 = 0.6\, E_r^2 \cdot G_f \cdot V_0^2 = 0.6 \times \underline{\quad\quad}^2 \times \underline{\quad\quad} \times \underline{\quad\quad}^2 = \underline{\quad\quad}$ N/m^2

362 風力係数の算定

1 張り間方向

①屋根面の風力係数　勾配 _____ 寸　$\theta =$ _____ °

　　風上面　$C_f = C_{pe} =$ _____

　　風下面　$C_f = C_{pe} =$ _____

②壁面の風力係数

　　風上壁面　$C_f = C_{pe} = 0.8 k_z$

　　風下壁面　$C_f = C_{pe} = -0.4$

③k_z の計算と風上壁面の風力係数

　i) 2 階建部分　$H =$ _____ m _____ Z_b

　　　屋根軒　$Z =$ _____ m _____ Z_b $\quad k_z = \left(\dfrac{\underline{\quad\quad}}{H}\right)^{2\alpha} = \left(\underline{\quad\quad}\right)^{2\times \underline{\quad}} = \underline{\quad\quad}$

　　　　　　　$C_f = C_{pe} = 0.8 k_z = 0.8 \times \underline{\quad\quad} = \underline{\quad\quad}$

　　　2 階床　$Z =$ _____ m _____ Z_b $\quad k_z = \left(\dfrac{\underline{\quad\quad}}{H}\right)^{2\alpha} = \left(\underline{\quad\quad}\right)^{2\times \underline{\quad}} = \underline{\quad\quad}$

　　　　　　　$C_f = C_{pe} = 0.8 k_z = 0.8 \times \underline{\quad\quad} = \underline{\quad\quad}$

　ii) 平家部分　$H =$ _____ m $< Z_b$ $\quad k_z =$ _____

　　　　　　　$C_f = C_{pe} = 0.8 k_z = 0.8 \times \underline{\quad\quad} = \underline{\quad\quad}$

2 桁行方向

①屋根面の風力係数　$C_f = C_{pe} = -1.0$

②壁面の風力係数

　　風上壁面　$C_f = C_{pe} = 0.8k_z$

　　風下壁面　$C_f = C_{pe} = -0.4$

③k_z の計算と風上壁面の風力係数

　i) 2階建部分　$H = \underline{\qquad}$ m　$Z_b \underline{\qquad}$

　　　屋根軒　$Z = \underline{\qquad}$ m　$Z_b \underline{\qquad}$　$k_z = \left(\dfrac{\underline{\qquad}}{H}\right)^{2\alpha} = \left(\underline{\qquad}\right)^{2 \times \underline{\qquad}} = \underline{\qquad}$

　　　　　　　$C_f = C_{pe} = 0.8k_z = 0.8 \times \underline{\qquad} = \underline{\qquad}$

　　　2階床　$Z = \underline{\qquad}$ m　$Z_b \underline{\qquad}$　$k_z = \left(\dfrac{\underline{\qquad}}{H}\right)^{2\alpha} = \left(\underline{\qquad}\right)^{2 \times \underline{\qquad}} = \underline{\qquad}$

　　　　　　　$C_f = C_{pe} = 0.8k_z = 0.8 \times \underline{\qquad} = \underline{\qquad}$

　ii) 平家部分　$H = \underline{\qquad}$ m $< Z_b$　$k_z = \underline{\qquad}$

　　　　　　　$C_f = C_{pe} = 0.8k_z = 0.8 \times \underline{\qquad} = \underline{\qquad}$

363　見付面積の算定

364　風圧力の算定

風圧力＝速圧力×風力係数×見付面積

	階	面	速度圧 q [N/m²]	風力係数	見付面積 [m²]	風圧力		
						P [N]	$\sum P$ [N]	設計
X方向（張り間）筋かい	2	屋根			Y方向面			
		壁						
	1	壁						
		平家 屋根						
		壁						
Y方向（桁行）筋かい	2	屋根			X方向面		ひねり金物設計	
		壁						
	1	壁						

370　その他・土圧・水圧

400　柱軸方向力の算定

[　　]積載荷重低減値　3桁まで算定
4桁より切捨

符号	階	項目	単位荷重 [kN/m²]	荷重面積			小計 [kN]	階の重量 [kN]	各階の合計 (階の柱軸方向力) [kN]
				長さl [m]	高さh [m]	面積A [m²]			

符号	階	項目	単位荷重 [kN/m²]	荷重面積			小計 [kN]	階の重量 [kN]	各階の合計 (階の柱軸方向力) [kN]
				長さ l [m]	高さ h [m]	面積 A [m²]			

構造計算書シート 157

500 部材の設計

510 柱の設計

設計条件

　　柱断面　　　　　　mm × 　　　　　　mm

　　断面積　$A =$ 　　　　　　mm^2

　　断面2次半径　$i =$ 　　　　　　mm

　　断面係数　$Z =$ 　　　　　　mm^3

　　樹種　　　　　　

　　許容応力度　$_L f_c =$ 　　　　　　N/mm^2　$_s f_c =$ 　　　　　　N/mm^2

　　　　　　　　$_L f_b =$ 　　　　　　N/mm^2　$_s f_b =$ 　　　　　　N/mm^2

511 柱軸方向力の大きい内柱

　　柱軸方向力　$N =$ 　　　　　　kN = 　　　　　　N

　　階高　$h =$ 　　　　　　m = 　　　　　　mm

　　座屈長さ　$l_k =$ 　　　　　　mm

　　有効細長比　$\lambda = \dfrac{l_k}{i} = \dfrac{\text{　　　mm}}{\text{　　　mm}} =$ 　　　　　　より　座屈低減係数　$\eta =$ 　　　

　　柱断面算定式　$\dfrac{N}{A} \cdot \dfrac{1}{\eta \cdot _L f_c} = \dfrac{\text{　　　N}}{\text{　　　}mm^2} \times \dfrac{1}{\text{　　　} \times \text{　　　}N/mm^2} =$ 　　　

512 風圧力を受ける外柱

　　柱軸方向力　$N =$ 　　　　　　kN = 　　　　　　N

　　階高　$h =$ 　　　　　　m = 　　　　　　mm

　　柱長さ　$l =$ 　　　　　　mm

　　座屈長さ　$l_k =$ 　　　　　　mm

　　有効細長比　$\lambda = \dfrac{l_k}{i} = \dfrac{\text{　　　mm}}{\text{　　　mm}} =$ 　　　　　　より　座屈低減係数　$\eta =$ 　　　

　　速度圧　$q =$ 　　　　　　N/m^2　風力係数　$C =$ 　　　　　　作用面積　$A' =$ 　　　　m × 　　　　m = 　　　　m^2

　　風圧力　$W = q \cdot C \cdot A' =$ 　　　　$N/m^2 \times$ 　　　　$\times$ 　　　　$m^2 =$ 　　　　N

　　柱に生じるモーメント　$M = \dfrac{W \cdot l}{8} = \dfrac{\text{　　　N} \times \text{　　　mm}}{8} =$ 　　　　$N \cdot mm$

　　柱断面算定式

　　$\left(\dfrac{N}{A} \cdot \dfrac{1}{\eta \cdot _s f_c}\right) + \left(\dfrac{M}{Z} \cdot \dfrac{1}{_s f_b}\right) = \dfrac{\text{　　　N}}{\text{　　}mm^2 \times \text{　　} \times \text{　　}N/mm^2} + \dfrac{\text{　　　}N \cdot mm}{\text{　　}mm^3 \times \text{　　}N/mm^2}$

　　　　　　　　　　　　　　　　　　　　$=$

520　梁の設計

1 設計条件　大梁　____階____通り____〜____

　スパン　$l =$ ____ m $=$ ____ mm

　断面　____ mm $\times$ ____ mm　　断面積　$A =$ ____ mm^2

　断面係数　$Z =$ ____ mm^3　　断面2次モーメント　$I =$ ____ mm^4

　樹種　____

　許容応力度　${}_Lf_b =$ ____ N/mm^2　${}_Lf_s =$ ____ N/mm^2　ヤング係数　$E =$ ____ N/mm^2

2 設計荷重

　床単位荷重　$w =$ ____ N/m^2　荷重負担面積　$A_1 =$ ____ m $\times$ ____ m $=$ ____ m^2

　床荷重　$W_1 = w \cdot A_1 =$ ____ N/m$^2 \times$ ____ m$^2 =$ ____ N

　柱軸方向力　$W_2 =$ ____ $=$ ____ N

　　　　　　反力算定　____ $=$ ____ $=$ ____ N

　　　　　　　　　　　____ $=$ ____ $=$ ____ N

3 曲げ応力度の検討

　${}_{床}M = \dfrac{W_1 \cdot l}{8} = \dfrac{\text{____ N} \times \text{____ mm}}{8} =$ ____ N·mm

　${}_{柱}M =$ ____ $=$ ____ N·mm

　曲げモーメント　${}_{床}M + {}_{柱}M =$ ____ N·mm $+$ ____ N·mm $=$ ____ N·mm

　$\dfrac{M}{Z} \cdot \dfrac{1}{{}_Lf_b} = \dfrac{\text{____ N·mm}}{\text{____ mm}^3} \times \dfrac{1}{\text{____ N/mm}^2} =$ ____

4 せん断応力度の検討

　せん断力　$Q = \dfrac{W_1}{2} +$ ____ $= \dfrac{\text{____ N}}{2} +$ ____ N $=$ ____ N

　$\dfrac{1.5Q}{A} \cdot \dfrac{1}{{}_Lf_s} = \dfrac{1.5 \times \text{____ N}}{\text{____ mm}^2} \times \dfrac{1}{\text{____ N/mm}^2} =$ ____

5 たわみの検討

　①梁せいの確認

　　$\dfrac{D}{l} = \dfrac{\text{____ mm}}{\text{____ mm}} =$ ____

　②たわみの検討

　　たわみ検討用床単位荷重　$w_\delta =$ ____ N/m^2

　　たわみ検討用床荷重　$W_{\delta 1} = w_\delta \cdot A_1 =$ ____ N/m$^2 \times$ ____ m$^2 =$ ____ N

　　たわみ検討用荷重　$W_\delta = W_{\delta 1} + W_2 =$ ____ N $+$ ____ N $=$ ____ N

　　$2 \times \delta = 2 \times \dfrac{5}{384} \dfrac{W_\delta \cdot l^3}{E \cdot I} = 2 \times \dfrac{5 \times \text{____ N} \times \text{____ mm}^3}{384 \times \text{____ N/mm}^2 \times \text{____ mm}^4}$

　　　　$=$ ____ mm　　$\dfrac{l}{250} = \dfrac{\text{____ mm}}{250} =$ ____ mm

530　小屋組の設計

531　垂木の設計

1 設計条件

　　垂木間隔　$m=$ _____ m

　　　スパン　$l=$ _____ m $=$ _____ mm　　庇長さ　$l'=$ _____ m $=$ _____ mm

　　　断面　_____ mm $\times$ _____ mm

　　　断面積　$A=$ _____ mm^2

　　　断面係数　$Z=$ _____ mm^3

　　樹種　_____

　　　許容応力度　${}_L f_b=$ _____ N/mm^2　${}_S f_b=$ _____ N/mm^2

　　　　　　　　${}_L f_s=$ _____ N/mm^2　${}_S f_s=$ _____ N/mm^2

2 設計荷重

　　設計荷重　$w'=$ _____ N/m^2

　　垂木負担荷重　$w''=w' \cdot m=$ _____ N/m$^2 \times$ _____ m $=$ _____ N/m $=$ _____ N/mm

3 曲げ応力度の検討

　　曲げモーメント

　　　庇　　　$M=\dfrac{w'' \cdot l'^2}{2}=\dfrac{\_\_\_\_\_ \text{N/mm} \times \_\_\_\_\_^2 \text{mm}^2}{2}=$ _____ N·mm

　　　スパン　$M=\dfrac{w'' \cdot l^2}{8}=\dfrac{\_\_\_\_\_ \text{N/mm} \times \_\_\_\_\_^2 \text{mm}^2}{8}=$ _____ N·mm

　　　$\dfrac{M}{Z} \cdot \dfrac{1}{f_b}=\dfrac{\_\_\_\_\_ \text{N·mm}}{\_\_\_\_\_ \text{mm}^3} \times \dfrac{1}{\_\_\_\_\_ \text{N/mm}^2}=$ _____

4 せん断応力度の検討

　　せん断力

　　　庇　　　$Q=w'' \cdot l'=$ _____ N/mm $\times$ _____ mm $=$ _____ N

　　　スパン　$Q=\dfrac{w'' \cdot l}{2}=\dfrac{\_\_\_\_\_ \text{N/mm} \times \_\_\_\_\_ \text{mm}}{2}=$ _____ N

　　　$\dfrac{1.5Q}{A} \cdot \dfrac{1}{f_s}=\dfrac{1.5 \times \_\_\_\_\_ \text{N}}{\_\_\_\_\_ \text{mm}^2} \times \dfrac{1}{\_\_\_\_\_ \text{N/mm}^2}=$ _____

532　母屋の設計

1 設計条件

屋根勾配　　　寸　角度 $\theta =$ 　　　°　　$\cos \theta =$ 　　　　　$\sin \theta =$

母屋間隔　$m =$ 　　　m

　　スパン　$l =$ 　　　m ＝ 　　　mm

　　断面　　　　　mm × 　　　mm

　　断面積　$A =$ 　　　mm²

　　断面係数　$Z =$ 　　　mm³

樹種

許容応力度　${}_L f_b =$ 　　　N/mm²　${}_S f_b =$ 　　　N/mm²

　　　　　　${}_L f_s =$ 　　　N/mm²　${}_S f_s =$ 　　　N/mm²

2 設計荷重

設計荷重　$w' =$ 屋根荷重 + 母屋固定荷重 = 　　　N/m² + 　　　N/m² = 　　　N/m²

母屋負担荷重　$W = w' \cdot l \cdot m =$ 　　　N/m² × 　　　m × 　　　m = 　　　N

　　　　$W_X = W \sin \theta =$ 　　　N × 　　　 = 　　　N

　　　　$W_Y = W \cos \theta =$ 　　　N × 　　　 = 　　　N

3 曲げ応力度の検討

$$M = \frac{W \cdot l}{8} = \frac{\text{N} \times \text{mm}}{8} = \text{N} \cdot \text{mm}$$

$$\frac{M}{Z} \cdot \frac{1}{f_b} = \frac{\text{N} \cdot \text{mm}}{\text{mm}^3} \times \frac{1}{\text{N/mm}^2} =$$

4 せん断応力度の検討

$$Q = \frac{W}{2} = \frac{\text{N}}{2} = \text{N}$$

$$\frac{1.5 Q}{A} \cdot \frac{1}{f_s} = \frac{1.5 \times \text{N}}{\text{mm}^2} \times \frac{1}{\text{N/mm}^2} =$$

600 令46条の壁量計算

610 必要壁量の算定

611 地震力に対する必要壁量

階	壁量[m/m²]	床面積計[m²]	必要壁量[m]
2			
1			

屋根：

612 風圧力に対する必要壁量

階	壁量 [m/m²]	X方向耐力壁			Y方向耐力壁		
		Y方向面見付面積[m²]	∑見付面積[m²]	必要壁量[m]	X方向面見付面積[m²]	∑見付面積[m²]	必要壁量[m]
2							
1							

620　設計壁量の算定

621　耐力壁配置図

622　設計壁量の算定

階	方向				設計壁量
	壁倍率				
2	X方向				m
	Y方向				m
1	X方向				m
	Y方向				m

630　地震力・風圧力に対する確認

階	方向	設計壁量 [m]	地震力		風圧力	
			必要壁量 [m]	判定	必要壁量 [m]	判定
2	X方向					
	Y方向					
1	X方向					
	Y方向					

640 耐力壁配置の検討

641 耐力壁配置図

642 壁率比の算定

1 1階 X 方向／2階 X 方向

① 側端部分の床面積

$S_{1上} = $ _____ m × _____ m = _____ m² $\qquad$ $S_{2上} = $ _____ m × _____ m = _____ m²

$S_{1下} = $ _____ m × _____ m = _____ m² $\qquad$ $S_{2下} = $ _____ m × _____ m = _____ m²

② 側端部分の必要壁量

$N_{1上} = $ _____ m² × _____ m/m² = _____ m $\qquad$ $N_{2上} = $ _____ m² × _____ m/m² = _____ m

$N_{1下} = $ _____ m² × _____ m/m² = _____ m $\qquad$ $N_{2下} = $ _____ m² × _____ m/m² = _____ m

③ 存在壁量

$D_{1上} = $ _____ m × _____ ヶ所 × _____ 倍 = _____ m $\qquad$ $D_{2上} = $ _____ m × _____ ヶ所 × _____ 倍 = _____ m

$D_{1下} = $ _____ m × _____ ヶ所 × _____ 倍 = _____ m $\qquad$ $D_{2下} = $ _____ m × _____ ヶ所 × _____ 倍 = _____ m

④ 壁量充足率

$r_{1上} = \dfrac{D_{1上}}{N_{1上}} = \dfrac{\text{_____ m}}{\text{_____ m}} = $ _____ $\qquad$ $r_{2上} = \dfrac{D_{2上}}{N_{2上}} = \dfrac{\text{_____ m}}{\text{_____ m}} = $ _____

$r_{1下} = \dfrac{D_{1下}}{N_{1下}} = \dfrac{\text{_____ m}}{\text{_____ m}} = $ _____ $\qquad$ $r_{2下} = \dfrac{D_{2下}}{N_{2下}} = \dfrac{\text{_____ m}}{\text{_____ m}} = $ _____

⑤ 壁率比

$\dfrac{r_{1上}}{r_{1下}} = \dfrac{\text{_____}}{\text{_____}} = $ _____ $\qquad$ $\dfrac{r_{2上}}{r_{2下}} = \dfrac{\text{_____}}{\text{_____}} = $ _____

2 1階 Y 方向／2階 Y 方向

①側端部分の床面積

$S_{1左} = $ _____ m × _____ m = _____ m² $\qquad S_{2左} = $ _____ m × _____ m = _____ m²

$S_{1右} = $ _____ m × _____ m = _____ m² $\qquad S_{2右} = $ _____ m × _____ m = _____ m²

②側端部分の必要壁量

$N_{1左} = $ _____ m² × _____ m/m² = _____ m $\qquad N_{2左} = $ _____ m² × _____ m/m² = _____ m

$N_{1右} = $ _____ m² × _____ m/m² = _____ m $\qquad N_{2右} = $ _____ m² × _____ m/m² = _____ m

③存在壁量

$D_{1左} = $ _____ m × _____ ヶ所 × _____ 倍 = _____ m $\qquad D_{2左} = $ _____ m × _____ ヶ所 × _____ 倍 = _____ m

$D_{1右} = $ _____ m × _____ ヶ所 × _____ 倍 = _____ m $\qquad D_{2右} = $ _____ m × _____ ヶ所 × _____ 倍 = _____ m

④壁量充足率

$r_{1左} = \dfrac{D_{1左}}{N_{1左}} = \dfrac{\text{_____ m}}{\text{_____ m}} = $ _____ $\qquad r_{2左} = \dfrac{D_{2左}}{N_{2左}} = \dfrac{\text{_____ m}}{\text{_____ m}} = $ _____

$r_{1右} = \dfrac{D_{1右}}{N_{1右}} = \dfrac{\text{_____ m}}{\text{_____ m}} = $ _____ $\qquad r_{2右} = \dfrac{D_{2右}}{N_{2右}} = \dfrac{\text{_____ m}}{\text{_____ m}} = $ _____

⑤壁率比

$\dfrac{r_{1___}}{r_{1___}} = \dfrac{\text{_____}}{\text{_____}} = $ _____ $\qquad \dfrac{r_{2___}}{r_{2___}} = \dfrac{\text{_____}}{\text{_____}} = $ _____

700　柱頭・柱脚の仕口金物設計

710　設計条件，壁量の確認

711　設計水平力一覧表

＊採用値

階	方向	地震力 Q [kN]	風圧力 W [kN]
2	X 方向筋かい		
	Y 方向筋かい		
1	X 方向筋かい		
	Y 方向筋かい		

712　柱軸方向力一覧図

713　壁量の確認

2階　X 方向　$P_a = 1.96$ kN/m × _____ m = _____ kN > _____ kN（_____）

　　　Y 方向　$P_a = 1.96$ kN/m × _____ m = _____ kN > _____ kN（_____）

1階　X 方向　$P_a = 1.96$ kN/m × _____ m = _____ kN > _____ kN（_____）

　　　Y 方向　$P_a = 1.96$ kN/m × _____ m = _____ kN > _____ kN（_____）

720　引抜力算定と金物設計

721　地震力による引抜力算定と金物

------- 方向　---------- 通り

外力方向 ⟶

引抜 ↑↑
圧縮 ↓↓

金物
$_2D$
$_2P_Q = Q \dfrac{_2D}{\sum _2D}$
$_2v_Q = \dfrac{_2P_Q \cdot _2h}{l}$
β
$\beta \cdot _2V_Q = \beta \cdot _2v_Q$
$_2N'$
直交壁
$F_0 = _2N' - \beta \cdot _2V_Q$
金物

金物
$_1D$
$_1P_Q = Q \dfrac{_1D}{\sum _1D}$
$_1v_Q = \dfrac{_1P_Q \cdot _1h}{l}$
β
$\beta \cdot _1v_Q$
$\beta \cdot _1V_Q = \beta \cdot _2V_Q + \beta \cdot _1v_Q$
$_1N'$
直交壁
$F_0 = _1N' - \beta \cdot _1V_Q$
金物

Q：地震力（層せん断力）
N'：低減柱軸方向力 ↓

$_2h = $ _____ m

$_1h = $ _____ m

$l = $ _____ m

構造計算書シート　167

7.2.1 地震力による引抜力算定と金物

方向 ──→
通り

外力方向 ──→　　引抜 ↑↑　　圧縮 ↓↓

金物
$_2D$
$_2P_Q = _2Q \cdot \dfrac{_2D}{\sum _2D}$
$_2v_Q = \dfrac{_2P_Q \cdot _2h}{l}$
β
$\beta \cdot _2V_Q = \beta \cdot _2v_Q$
直交壁
$_2N'$
$F_0 = _2N' - \beta \cdot _2V_Q$
金物

金物
$_1D$
$_1P_Q = _1Q \cdot \dfrac{_1D}{\sum _1D}$
$_1v_Q = \dfrac{_1P_Q \cdot _1h}{l}$
β
$\beta \cdot _1V_Q = \beta \cdot _2V_Q + \beta \cdot _1v_Q$
$_1N'$
直交壁
$F_0 = _1N' - \beta \cdot _1V_Q$
金物

$l = \rule{1cm}{0.1pt}$ m

$_2h = \rule{1cm}{0.1pt}$ m

$_1h = \rule{1cm}{0.1pt}$ m

Q：地震力（層せん断力）
N'：低減柱軸方向力↓

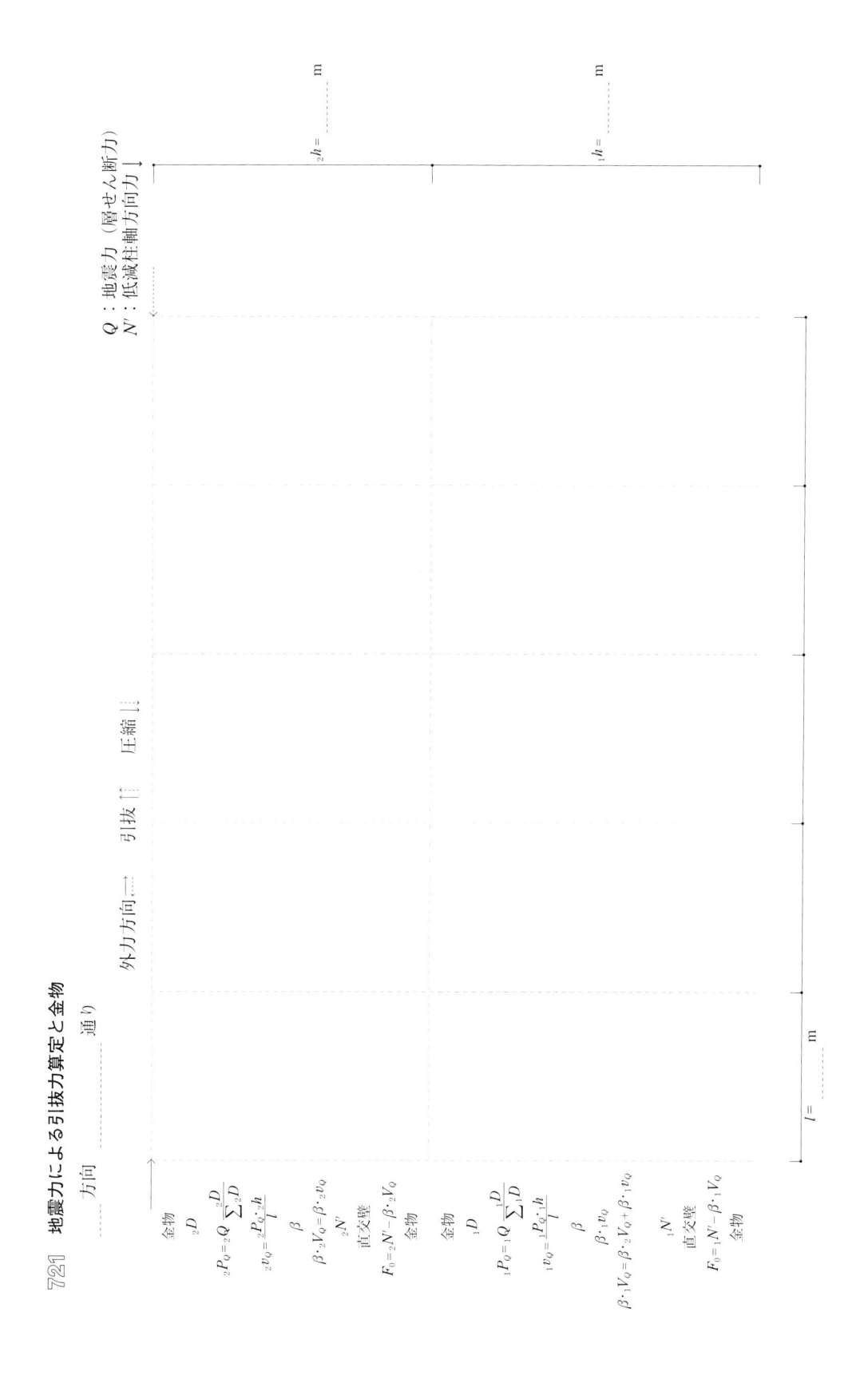

720 引抜力算定と金物設計

722 風圧力による引抜力算定と金物

_____ 方向 _____ 通り

外力方向 ⟶ 引抜 ↑↑ 圧縮 ↓↓

$l = $ _____ m

$_1h = $ _____ m

$_2h = $ _____ m

W：風圧力（層風圧力）
N'：低減柱軸方向力 ↓

金物
$_2D$
$_2P_W = {}_2W \cdot \dfrac{_2D}{\sum _2D}$
$_2v_W = \dfrac{_2P_W \cdot _2h}{l}$
β
$\beta \cdot _2V_W = \beta \cdot _2v_W$
$_2N'$
直交壁
$F_0 = {}_2N' - \beta \cdot _2V_W$
金物

金物
$_1D$
$_1P_W = {}_1W \cdot \dfrac{_1D}{\sum _1D}$
$_1v_W = \dfrac{_1P_W \cdot _1h}{l}$
β
$\beta \cdot _1v_W$
$\beta \cdot _1V_W = \beta \cdot _2V_W + \beta \cdot _1v_W$
$_1N'$
直交壁
$F_0 = {}_1N' - \beta \cdot _1V_W$
金物

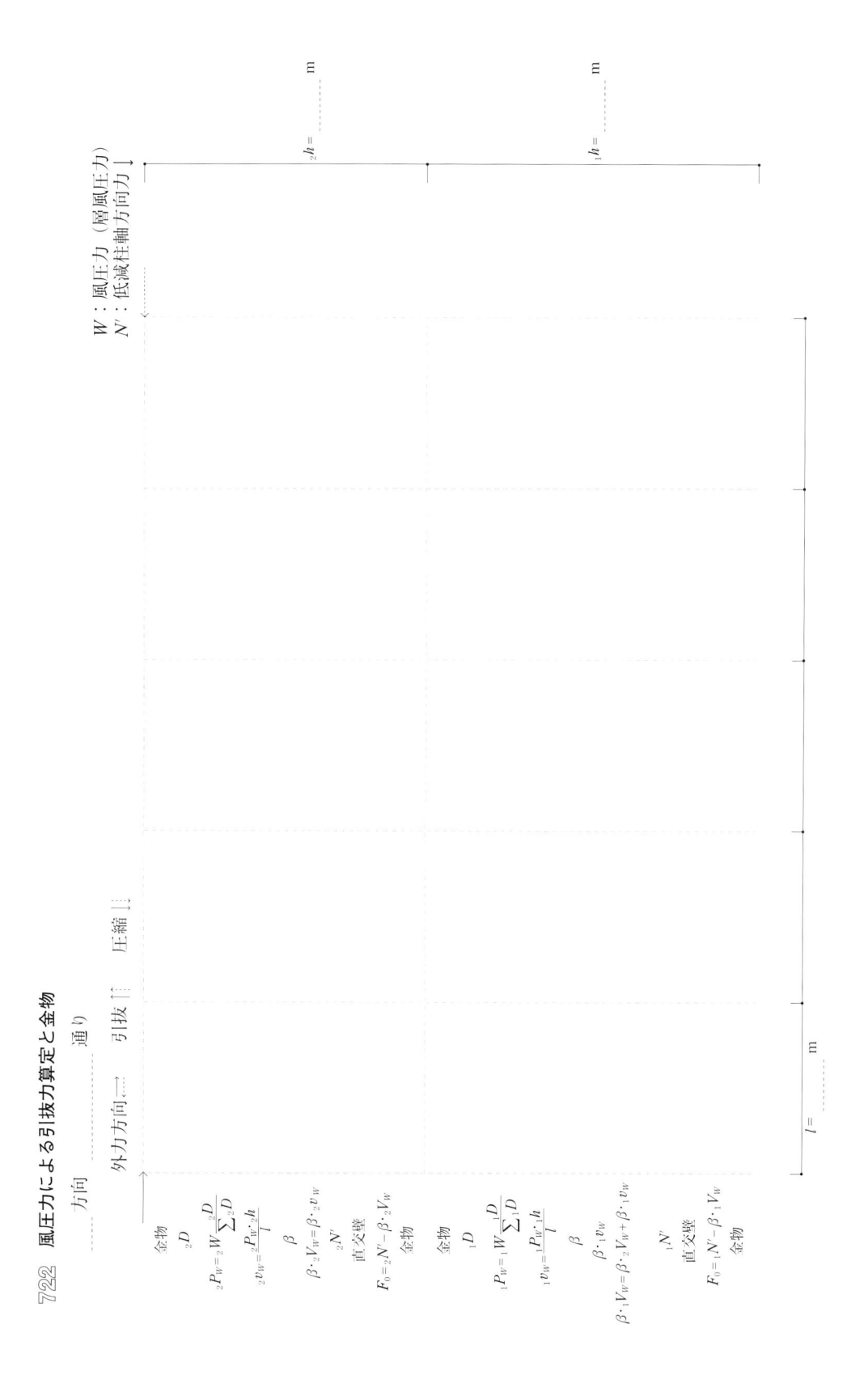

7.2.2 風圧力による引抜力算定と金物

方向 _____ 通り

外力方向 ⟶　引抜↑↑　圧縮↓↓

W：風圧力（層風圧力）
N'：低減柱軸方向力↓

金物
$_2D$
$_2P_W = {}_2W \dfrac{{}_2D}{\sum {}_2D}$
$_2v_W = \dfrac{{}_2P_W \cdot {}_2h}{l}$
β
$\beta \cdot {}_2v_W = \beta \cdot {}_2V_W$
直交壁
$F_0 = {}_2V_W - \beta \cdot {}_2V_W$
$_2N'$
金物

金物
$_1D$
$_1P_W = {}_1W \dfrac{{}_1D}{\sum {}_1D}$
$_1v_W = \dfrac{{}_1P_W \cdot {}_1h}{l}$
β
$\beta \cdot {}_1v_W$
$\beta \cdot {}_1V_W = \beta \cdot {}_2V_W + \beta \cdot {}_1v_W$
$_1N'$
直交壁
$F_0 = {}_1N' - \beta \cdot {}_1V_W$
金物

$_2h = $ _____ m

$_1h = $ _____ m

$l = $ _____ m

800 基礎の設計

810 べた基礎の設計

1 設計条件

- コンクリート _____ $F_c=$ _____ N/mm² $f_c=$ _____ N/mm² $f_s=$ _____ N/mm²
- 鉄筋 _____ $F=$ _____ N/mm² $f_t=$ _____ N/mm²
- 建物重量（基礎自重含まず）$\Sigma N'=$ _____ kN
- 基礎立上り高さ $H_2=$ _____ mm
  - 厚さ $b=$ _____ mm
- スラブ厚さ $t=$ _____ mm　　かぶり寸法 70 mm
- 根入れ深さ $H_1=$ _____ mm
- 地耐力 $f_e=$ _____ kN/m²

2 基礎底面積と地反力の算定

基礎底面積　$A = \underline{} \text{ m} \times \underline{} \text{ m} = \underline{} \text{ m}^2$

スラブ配筋設計用荷重（地反力）　$w = \dfrac{\Sigma N'}{A} = \dfrac{\underline{} \text{ kN}}{\underline{} \text{ m}^2} = \underline{} \text{ kN/m}^2$

3 接地圧の算定

基礎自重　$W_f = W_1 + W_2 + W_3 = \underline{} \text{ kN} + \underline{} \text{ kN} + \underline{} \text{ kN} = \underline{} \text{ kN}$

外周基礎　$W_1 =$

$\underline{} \times 24 \text{ kN/m}^3$

$= \underline{} \text{ kN}$

内部基礎　$W_2 =$

$\underline{} \times 24 \text{ kN/m}^3$

$= \underline{} \text{ kN}$

底盤　$W_3 = \underline{} \text{ m} \times \underline{} \text{ m}^2 \times 24 \text{ kN/m}^3 = \underline{} \text{ kN}$

建物全重量　$\Sigma N = \Sigma N' + W_f = \underline{} \text{ kN} + \underline{} \text{ kN} = \underline{} \text{ kN}$

接地圧　$\sigma_e = \dfrac{\Sigma N}{A} = \dfrac{\underline{} \text{ kN}}{\underline{} \text{ m}^2} = \underline{} \text{ kN/m}^2$

4 基礎スラブ筋の設計　$\underline{}$ スラブ

短辺スパン　$l_x = \underline{} \text{ m}$

長辺スパン　$l_y = \underline{} \text{ m}$

スラブ有効せい　$d = t - \text{かぶり寸法} = \underline{} \text{ mm} - 70 \text{ mm} = \underline{} \text{ mm}$

短辺方向の荷重　$w_x = \dfrac{l_y^4}{l_x^4 + l_y^4} w = \dfrac{\underline{}^4}{\underline{}^4 + \underline{}^4} \times \underline{} = \underline{} \text{ kN/m}^2$

・短辺方向

端部（中央部とも）　$M_x = -\dfrac{1}{12} w_x \cdot l_x^2 = -\dfrac{1}{12} \times \underline{} \times \underline{}^2 = -\underline{} \text{ kN·m}$

鉄筋間隔（D10）　$s = \dfrac{12d}{M} = \dfrac{12 \times \underline{}}{\underline{}} = \underline{} \text{ mm}$　設計 D10 − @

・長辺方向

端部（中央部とも）　$M_y = -\dfrac{1}{24} w \cdot l_x^2 = -\dfrac{1}{24} \times \underline{} \times \underline{}^2 = -\underline{} \text{ kN·m}$

鉄筋間隔（D10）　$s = \dfrac{12d}{M} = \dfrac{12 \times \underline{}}{\underline{}} = \underline{} \text{ mm}$　設計 D10 − @

5 基礎梁の設計
　①外周基礎梁 FG_1
　　　基礎梁せい　$D=$ _____ mm
　　　単位面積あたりの荷重　$w=$ _____ kN/m^2
　　　短辺スパン　$l_x=$ _____ m
　　　長辺スパン　$l_y=$ _____ m
　・応力算定
　　　$l=$ _____ m
　　　$h=$ _____ m
　　　$a=$ _____ m
　　　$w' = w \cdot h =$ _____ $kN/m^2 \times$ _____ m = _____ kN/m
　　　$C =$ _____ = _____ = _____ kN·m
　　　$M_0 =$ _____ = _____ = _____ kN·m
　　　$Q =$ _____ = _____ = _____ kN
　・設計応力算定
　　　両端　　$C =$ _____ × _____ kN·m = _____ kN·m
　　　中央　　$M_0 -$ _____ $C =$ _____ kN·m $-$ _____ × _____ kN·m = _____ kN·m
　・断面設計
　　　基礎梁有効せい　$d = D -$ かぶり寸法 $=$ _____ mm $-$ 70 mm $=$ _____ mm
　　　応力中心距離　$j = \dfrac{7}{8}d = \dfrac{7}{8} \times$ _____ mm $=$ _____ mm
　　　端部（下端筋）　$a_t = \dfrac{M}{f_t \cdot j} = \dfrac{\text{_____ N·mm}}{\text{_____ N/mm}^2 \times \text{_____ mm}} =$ _____ mm^2　設計 _____
　　　中央（上端筋）　$a_t = \dfrac{M}{f_t \cdot j} = \dfrac{\text{_____ N·mm}}{\text{_____ N/mm}^2 \times \text{_____ mm}} =$ _____ mm^2　設計 _____
　　　補強筋　　$\tau = \dfrac{Q}{b \cdot j} = \dfrac{\text{_____ N}}{\text{_____ mm} \times \text{_____ mm}} =$ _____ N/mm^2
　　　　　　　　　　　　　　　　　　　　　　　　　　　　設計 _____

②内部基礎梁 FG_2

　　基礎梁せい　$D =$ ＿＿＿ mm
　　単位面積あたりの荷重　$w =$ ＿＿＿ kN/m²

・応力算定（スラブⒷ）

　　短辺スパン　$l_x =$ ＿＿＿ m
　　長辺スパン　$l_y =$ ＿＿＿ m
　　$l =$ ＿＿＿ m
　　$h =$ ＿＿＿ m
　　$a =$ ＿＿＿ m
　　$w' = w \cdot h =$ ＿＿＿ kN/m² × ＿＿＿ m = ＿＿＿ kN/m
　　$C =$ ＿＿＿ = ＿＿＿ = ＿＿＿ kN·m
　　$M_0 =$ ＿＿＿ = ＿＿＿ = ＿＿＿ kN·m
　　$Q =$ ＿＿＿ = ＿＿＿ = ＿＿＿ kN

・設計応力算定

　　両端　スラブⒶ　　$C =$ ＿＿＿ × ＿＿＿ kN·m = ＿＿＿ kN·m
　　　　　スラブⒷ　　$C =$ ＿＿＿ × ＿＿＿ kN·m = ＿＿＿ kN·m
　　　　　　　　　　　　　　　　　　　　　　計　＿＿＿ kN·m
　　中央　スラブⒶ　$M_0 -$ ＿＿＿ $C =$ ＿＿＿ kN·m $-$ ＿＿＿ × ＿＿＿ kN·m = ＿＿＿ kN·m
　　　　　スラブⒷ　$M_0 -$ ＿＿＿ $C =$ ＿＿＿ kN·m $-$ ＿＿＿ × ＿＿＿ kN·m = ＿＿＿ kN·m
　　　　　　　　　　　　　　　　　　　　　　計　＿＿＿ kN·m
　　せん断力　スラブⒶ　$Q =$ ＿＿＿ kN
　　　　　　　スラブⒷ　$Q =$ ＿＿＿ kN
　　　　　　　　　　計　＿＿＿ kN

・断面設計

　　基礎梁有効せい　$d = D -$ かぶり寸法 $=$ ＿＿＿ mm $- 70$ mm $=$ ＿＿＿ mm
　　応力中心距離　$j = \dfrac{7}{8} d = \dfrac{7}{8} \times$ ＿＿＿ mm $=$ ＿＿＿ mm
　　端部（下端筋）　$a_t = \dfrac{M}{f_t \cdot j} = \dfrac{\text{＿＿＿ N·mm}}{\text{＿＿＿ N/mm}^2 \times \text{＿＿＿ mm}} =$ ＿＿＿ mm²　設計　＿＿＿
　　中央（上端筋）　$a_t = \dfrac{M}{f_t \cdot j} = \dfrac{\text{＿＿＿ N·mm}}{\text{＿＿＿ N/mm}^2 \times \text{＿＿＿ mm}} =$ ＿＿＿ mm²　設計　＿＿＿
　　補強筋　$\tau = \dfrac{Q}{b \cdot j} = \dfrac{\text{＿＿＿ N}}{\text{＿＿＿ mm} \times \text{＿＿＿ mm}} =$ ＿＿＿ N/mm²
　　　　　　　　　　　　　　　　　　　　　　設計　＿＿＿

820　**配筋詳細図**

上野嘉久（うえのよしひさ）

1958 年	大阪工業大学建築学科卒業 株式会社吉村建築事務所，京都市住宅局建築課建築主事， 構造審査係長，営繕部等の主幹を経て
1989 年	上野建築構造研究所設立，同所長 京都建築専門学校，兵庫科学技術専門学校講師
1990 年	大阪工業大学講師
1992 年	大阪工業大学短期大学講師
1996 年	京都国際建築技術専門学校講師 一級建築士，建築主事
著　書	『行政からみた建築構造設計 PART Ⅰ』 『行政からみた建築構造設計 PART Ⅱ』 『行政からみた建築構造設計 PART Ⅲ』 『行政からみた建築構造設計 PART Ⅳ』 『行政からみた建築構造設計』別冊 『行政からみた建築構造設計 基本事項』（以上(株)建築知識） 『実務からみたコンクリートのポイント10・ノウハウ20』((株)オーム社) 『改訂版　実務から見た基礎構造設計』((株)学芸出版社) 『改訂版　実務から見た RC 構造設計』((株)学芸出版社) 『第三版　実務から見た鉄骨構造設計』((株)学芸出版社) 『改訂版　実務から見た木造構造設計』((株)学芸出版社) 『改訂版　構造計算書で学ぶ鉄筋コンクリート構造』((株)学芸出版社) 『第三版　構造計算書で学ぶ鉄骨構造』((株)学芸出版社)
現住所	〒610-1102　京都市西京区御陵大枝山町4丁目27-1
事務所	〒612-8428　京都市伏見区竹田西桶ノ井町39　光ビル TEL・FAX　075-621-8100

構造計算書で学ぶ木構造　金物設計の手引き

2006年10月15日　第1版第1刷発行
2015年 3月20日　第1版第4刷発行

著　者　　上野嘉久
発行者　　前田裕資
発行所　　株式会社　学芸出版社
京都市下京区木津屋橋通西洞院東入
〒600-8216　電話　075-343-0811
イチダ写真製版・新生製本
カバーデザイン：倉本　修

Ⓒ Yoshihisa Ueno 2006　　ISBN978-4-7615-3144-7　　Printed in Japan

JCOPY　(社)出版者著作権管理機構委託出版物
本書の無断複写（電子化を含む）は著作権法上での例外を除き禁じられています。複写される場合は，そのつど事前に，(社)出版者著作権管理機構（電話03-3513-6969，FAX03-3513-6979，e-mail: info@jcopy.or.jp）の許諾を得てください。
また本書を代行業者等の第三者に依頼してスキャンやデジタル化することは，たとえ個人や家庭内での利用でも著作権法違反です。